悠然读书，洒脱为文

——一位"八〇后"主编的工作札记

续小强 著

中国书籍出版社
China Book Press

图书在版编目（CIP）数据

悠然读书，洒脱为文：一位 80 后主编的工作札记 / 续小强著 . —北京：中国书籍出版社，2016.3
ISBN 978-7-5068-5464-1

Ⅰ . ①悠⋯ Ⅱ . ①续⋯ Ⅲ . ①期刊—编辑工作—文集 Ⅳ . ① G237.5-53

中国版本图书馆 CIP 数据核字（2016）第 050150 号

悠然读书，洒脱为文：一位"八〇后"主编的工作札记
续小强　著

图书策划	武　斌　崔付建
责任编辑	成晓春
责任印制	孙马飞　马　芝
出版发行	中国书籍出版社
地　　址	北京市丰台区三路居路 97 号（邮编：100073）
电　　话	（010）52257143（总编室）（010）52257140（发行部）
电子邮箱	eo@chinabp.com.cn
经　　销	全国新华书店
印　　刷	北京富达印务有限公司
开　　本	880 毫米 ×1230 毫米　1/32
字　　数	125 千字
印　　张	5
版　　次	2016 年 4 月第 1 版　2016 年 4 月第 1 次印刷
书　　号	ISBN 978-7-5068-5464-1
定　　价	36.00 元

版权所有　翻印必究

长短不论,冷暖自知。字里行间,多为漫思。不乏倔强,亦常犹疑。随性种种,唯求真诚。如今结集,不过敝帚自珍。

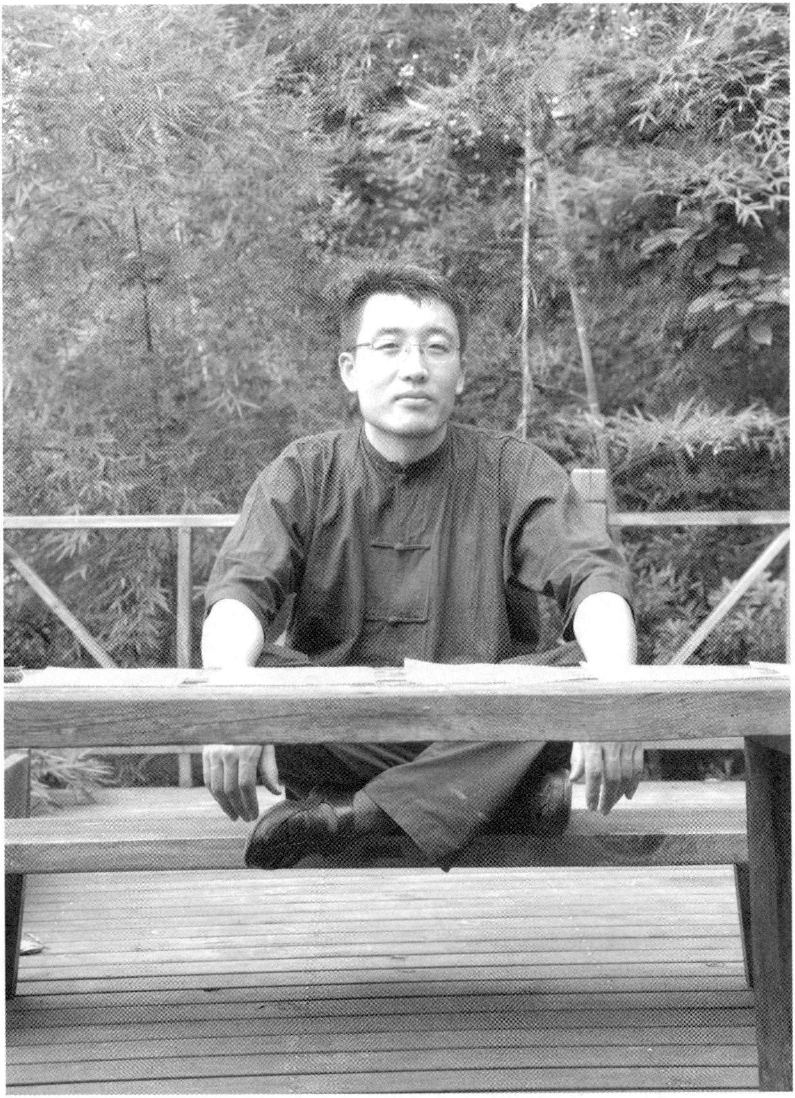

目录

003	讲述	二〇〇九年
006	谈稿风	
009	去读	
012	一个难题	
015	文学红	
018	一个人的名作	
021	岁末结语	
027	起航记	二〇一〇年
030	传统札	
034	文人气	
038	笔墨论	
042	历史观	
046	师者惑	
050	思想性	
053	批评事	
056	经验谈	
059	卅年感	
062	惶然录	
064	岁末语	

069	一个被遮蔽的意见领袖	二〇一一年
072	"微博"起兮谁飞扬	
075	初雪时念史铁生	
079	有关翻译及其他	
082	读《为什么读经典》	
094	转向	
097	不多余的多余	
100	意见与文学	
103	救救孩子或青年之止	
106	再谈历史问题	
109	头条的理由	
112	岁末小记	
117	不知不愠	二〇一二年
119	学术变作鸟笼子	
122	现实主义的题外话	
124	小说派对记	
127	梁衡小辑编后所想所记	
129	谁的自由引导谁	
132	编辑与规矩的矛盾论	
134	两期头条编后	
137	女子何为好	
140	快乐快了	
144	抄书以剥核仁	
147	风月有界,内心无边	

150　　跋

二〇〇九年

讲述

从这期开始，我们将陆续刊发"讲述·我与《名作欣赏》杂志"的征文。此次刊发的两篇，是最早的两篇。早到什么程度？几乎与我拿到包发部的同志送来的第四期样刊同时。足可见读者对于《名作欣赏》杂志一举一动的关切。打开伊妹儿的附件仔细阅读，我的内心便猛地受到了极大的震撼。我们虽未曾谋面，但我能感觉到杨秀斗与阮温凌两位先生家人般的亲切话语，蓦然回首的慨叹，与《名作欣赏》一路同行的幸福与自足。或有夸赞，但确是从容的、豪情满满的，是的，他们有权利如此，他们是真正与《名作欣赏》杂志"相濡以沫"的风雨同行者！

事实上，距《名作欣赏》杂志创刊三十年，还是有一段时间的。据第一任主编张仁健老师《〈名作欣赏〉创刊史》中所讲，杂志是于一九八〇年十月出版试刊号的。我们之所以提前做这项工作是有三个方面的考虑：

其一，杂志现实工作的迫切。不知什么时候起，杂志与读

悠然读书，洒脱为文
—— 一位"八〇后"主编的工作札记

者之间的沟通与互动给断掉了。许是网络时代交流方式使然？抑或是编辑者自身的惰怠？这不是《名作欣赏》杂志的传统。而且，可以坦然地说的是，杂志的稿风与文风是愈来愈"论文化"了，这亦与《名作欣赏》杂志创办的初衷与近三十年在读者心中的高远形象是相左的。适逢集团报刊的整合，于是便有了以"坚守传统，与时俱进，改良拓新"为主题的杂志社一轮接一轮的"改版"讨论会。大家豪情壮志，各抒己见，活跃异常。但"我们亲爱的读者"呢？我们是万万不能够忽略的。杂志的发展与生机，需要编辑者与阅读者的两头热才能够完成。我们更希望，在文字中能够跳跃出一些关于杂志刺耳的声音，尖利的，却能擦亮我们的眼睛。

其二，三十年盛会之未雨绸缪。毋庸置疑，《名作欣赏》的三十年，是与中国文化革新与开拓相伴的三十年，虽身居内陆，其影响力、生命力与感召力却辐射全国，乃至世界。三十年的历程，是出版对于中国文化的记忆，是杂志对于这个伟大时代的见证，是读者对于自我精神空间的不断开阔。我们祈愿：与我们亲爱的读者能一起迎接这美好的时刻。

其三，一本杂志的发展史，必定要有读者的参与才算是完整。这是否可看作另外一种形式的"正史"与"野史"？由秀斗与温凌两位先生的文字，你或许已经感知。如此，《名作欣赏》的历史，将是丰富的、肉感的，而不是狭隘的"己言"与乏味的工作总结或获奖纪录。

借着"讲述·我与《名作欣赏》杂志"征文的东风，"名作沙龙"的篝火燃起。自本期始，我们将持之以恒地将这个沙龙进行到底：篝火的火种，借缪斯女神所赐；篝火的柴木，还要仰仗大伙儿的奉献，电邮快捷或是首选，而一纸书笺我们更是欢迎。无须门票，大家可自由出入，自由发言，每一个人都是主持人。我们的工作，将是力求精心的组织、周到的服务与敞开胸怀的答疑与聆取。

谈稿风

文字天平的两端，是阅读欣赏的散淡与写作的快乐感。我原来相信二者如孪生，大抵能够平衡，但经由杂志编辑工作的深入，却愈来愈觉失衡的无奈与恍惚。人们经常批判"述而不作"的矫情，我却慢慢地懂得，这实在是极高明的做派。汗牛充栋，有多少好书未及上架即遭尘封。博物馆林立，太多大师的大作都无缘得见，而只是付诸粗陋的印刷品。

平添庸俗的垃圾，实不利于科学的可持续的发展。好在有电脑的出现，我们的写作正在很少地占据纸张的面积和屠杀森林的领地。但写作的困境，并没有因其简便而减少。写作之难的达摩克利斯之剑，仍旧悬于头顶。

网络化时代，全民写作。有人高呼，一个民主的写作化时代到来了。但平庸依旧是新的主流，不好玩，少趣味，声腔一致几为新的语言暴政。写作的民主大约少不了个性的张扬，而没有"个体人"生命感觉的写作的民主，不过是一个"一致性"

代替另一个"一致性"罢了，如是写作民主的贡献几乎等于零。

与其说写作的"民主"，倒不如说写作的"贵族"。

写作是电脑完成的，但电脑是人控制的，归根结底，写作是人来完成的。先有人，后有写作，尔后有文。"作者已死"的"新闻宣传"仅仅是理论家的"写作"，而并不该作为写作者的挡箭牌、遁词，却是应必须十万分警惕的写作事故。"大写的人""认识你自己"，到如今仍是值得玩味的警句。

"民主"是写作的体制、氛围、环境，"贵族"却是写作者活的人气儿、灵性与能力。

远的不说，近的学术评价体系的"大跃进"氛围可言。这种氛围够"民主"了啊，有N多的选题我们可以去申报，从管理部到教学科，也都以"量化的指标"鼓励"写作"——公文与报章上便有"据统计"云云，可我们并没有感受到写作的愉快与面对成果的纯洁的欢欣。问题，可能完全在"贵族"的隐秘的日记里边。

那日与石山先生聊天（他不仅从作协退休，亦退休于其多年叱咤的中国文坛，日增清远气象），忘记说什么事儿了，他扔了一句话出来：文字如此之洒脱。这"洒脱"一语中的，让我恍惚多日。我暗暗想：悠然读书，洒脱为文，也不枉来此大千世界"潇洒走一回"。

"洒脱"的敌人呢，也多，其将帅概可名之为"僵涩"。"僵"是身体的"僵"，更是魂魄的"枯"与感情的"虚"——我便想起故乡葬礼时的"纸扎"；"涩"难描摹，一句话倒也可作为概括：让语言文辞遭罪！——我又想起自己的一句诗：

语言是一群受伤的羔羊。

是时候了,我想我应该把我所触到的不好的稿风说出来,告诉自己不应该怎么写作,告诉大家,其他人怎么能够这么写作:一曰"长",不是"冗长"是"漫长",因为读得很累很累;二曰"专",只能搬自己专业领域的石头砸自己的脚,却不知"它山之石,可以攻玉"的道理,这样的写作是胡同里打灯笼的写作,只能照亮软弱的自己;三曰"虚",虚到作者(写作者与被写作之写作者)已死的程度,虚到后现代的程度:意义遁,而文字组合的摩天大楼出;四曰"无爱憎",我想有必要重温"爱憎分明不忘本"这句老歌;五曰"重",这不是"一种可怕的美",相反,正是文字有害健康的绝杀武器。至少还可再"曰"三次,因"长"的嫌疑,容以后慢慢"手记",缓缓"言说"。

早得江弱水君的威名,只是近日才偶得其印数仅仅四千余册的小书一册:《从王熙凤到波托西》,一本拿得起却放不下的雅书,充满奇思妙论。收有一文,题为《文心雕龙·唐诗·卡尔维诺》,文中所言,平日我亦有感念及写作一篇的想法,但读罢文,我倒如释重负了:有他写了,我便不消再写了。

看来,无论读书与读图,到底是比写作快乐多倍的好事情。

去读

进入我们谓之"欣赏"的层次,并不是一件特别容易的事情。它需要天然的悟性、后续的积累与思考,更需要人生的体察与深味。但有一个特别重要的前提,那就是"阅读"。不一定非要"破万卷",但至少要有读一篇的完整。无"读"的迂回,"欣赏"的进入与实现难矣,几近于一种痴人说梦。

这实际上是大白话,但确有重提的必要。

在阅读与欣赏的空间内,我们多数人往往是一个听众的角色(在现代信息社会尤是):聆听"第一读者阅读的阅读",感受"第一读者欣赏的欣赏"。这是初级的门槛。这不是不能,但是却毫无长期的必要。如果我们最终只是想得到一个故事或获得一次流泪的机会那就罢了,但问题是我们每一个人的欲望与目标大概都不仅仅局限于此,我们更想获取属于自己的真切的知识、审美的愉悦,而最终完成一次崇高人格的提升。长此以往的"听众惰性",我们的脑袋便极有可能成了无自己种植的庄稼而全然变作别人思想之马的草场。无任何独立的判断，遑论个体心性的养护与拔节。对第一读者欣赏的欣赏，我想我们应该持一种按图索骥的态度，由此进入作品，反复阅读，感受作品，揣摩作品，与己之生命体验结合，逐步向"欣赏"的层次迈入，最终是向着个体审美判断与生命精神的升华。

对于作品的阅读、欣赏与欣赏的呈现，谁是我所说的"第一读者"，谁是与"听众""对立"站在讲台上的"说书人"？在我看来，人文研究者最有可能扮演如此的角色，而这也基本上是我们当下的现实。但与"听众"之"读得太少，听得太多"相比，作为人文研究者的第一读者目前看来却是"读得太多，说得太少"，再进一步讲，是"读的理论太多，读的作品太少；移植理论、过度阐释的太多，不求甚解、由自性灵的太少"。这是可为悲叹的一件事。我们当然没有强加改造的大棒于任何一个知识分子的权利，但我们自有幽幽的企盼的眼神。而且，我坚定地认为，作为知识分子重要构成的人文研究者，"说"，即是其天职和最重要使命。这并不与成为一个真正意义上的读书人的情怀与理想相悖，事实上，二者几乎是同向且一致的。

追问第一读者说得太少的原因，我想有重要的两点不容忽视：

一为是否具备"说"的能力。我所谓的"研究者"与"说书人"往往是并不能够画等号的，能"说"者大体在"研究上"不差，但"研究"的技能熟练未必就一定"说"得好。

"说"的必要正在"研究者"的中间受到广泛的漠视，而"说"的能力更是如受到沙漠侵蚀的草场一般不断退化。上世纪九十年代以来，文学淡出，思想与学术的兴起，现在看来，并没有使我们更深刻，恰恰相反，肤浅与贫乏正是我们目前的可怕与可怜。脱离于人生体验，凌驾于社会现实，怠慢于作品与原典，陶醉于理论的曲廊与幽径，这样的思想与学术是大可怀疑的非人的学术（与元化先生所谓"有思想的学术"与"有学术的思想"的告诫更是相距甚远）。自我搏击，最终的结局，我想便是听众与观众走光光，自己把自己一拳打倒，像一个十足的可怜虫而无任何人理会。

还有一点，让人心生悲凉。正是我们过分科学化的学术体制与运作机制，某种程度上钳制、阉割、扼杀了我们"说书人""说"的能力。如此问题有解决的必要，但几无完成的可能。我们能否取得一种平衡，全仰仗于我们"说书人"的良心，以及我们刚刚获取的一丁点的脆弱的信仰与意志。

突然想起陈思和、汪涌豪先生的一段话，抄录如下："在经典阅读中丰富对人类情感与生存智慧的体验与把握，最终'回到理性''回到审美'，养成清明完密的思辨能力，以及关心人类精神出路和整体命运的宽广心胸，关注一己情趣陶冶和人格修炼的审美眼光，由此事业成功，人生幸福。"

这无论对于"听众"还是"说书人"，确乎都是极好的提示。

一个难题

最近在琢磨一个不怎么有趣的问题：假如《名作欣赏》改换为《名作批评》，将会发生什么样的情形？这不是未来的幻想，真是一个由各种事件引发的颇为现实的问题。关起关不起的门，默想，问题还真的是很不那么有趣。这个很几何很几何（数学之几何）的问题，难有解答的顺境，也只得于无奈中涂抹些许浅浅的墨。

中国人对面子的"溺爱"在整个宇宙可以说无出其右。更受执掌阶层的启蒙与教导，中国的写字的知识分子对于面子的维护更是到了几乎装甲级别的程度。好面子的好，是保存、养护羞耻心的士人美德；好面子的伪装，却是更多的虚荣与伪善。羞耻心的比例，能占多少，大可追问，但逐步的消殆与退隐，已是阅读古书与浅尝历史之后的凄婉。我们苦撑着，抱着金砖、捂紧脸皮苦撑着。我便倏忽想到了一个刚刚故去的伟大歌手。

我们为什么要这么做，我们能不能够从容一些，舒缓一些，轻一些：想象一个人的仙风道骨、"天人合一"的静穆。

还没有人能够勇敢地自我囚居于文字的麦垛里。作为背景的规则潜行，我们的文化地图斑斓多姿，而又无比空虚。

一些作家经常同情评论家的辛苦。现世的大作家更是作扼腕痛惜状——他们便愈发地崇高且美了——直让人感叹作品之外的他们的心胸的博大。

评论家大于作家的时代不一定是一个好的时代，但作家大于评论家的时代肯定不是一个好的时代。过去的幻象，是现在的蒙汗药。说白了，没有一个时代欢喜评论家这个物种。

必须自我分化、矮化、异化，所谓适者生存。但，评论家应该是"适者"吗？（"不适者"未必不能够生存，"不适者"的"不适"是更伟大的"适"道；彪炳史册，自"不适者"始。）

说出这些话，你便看到了我的不"从容"，我的不"舒缓"，我的不"轻"，为此，拥有很少羞耻心的我无比羞愧。

我希望这些话是与那个不那么有趣的问题有连接的。

"欣赏"的称谓有时往往是一个美妙的陷阱，温柔的圈套。不是得意忘言，而是得意忘形：我们放弃了自己的主张、意见、身体，在文本的漩涡中晕转，意识迷幻，最本真的感觉沉沦，迷醉的升华，舞姿的放纵。文本轻佻了我们自己，你就是俘虏，被温柔地施以极刑，最终我们获得了美与魅的终极性的洗礼。

用"美妙的陷阱""温柔的圈套"之类指称如此的状态，还不是非常的确切。我想，"欣赏"之名、"欣赏"之谓、"欣赏"之进入、"欣赏"之种种，更准确地说，当是凌波微步的冒险、多向的煎熬、双刃的寒锋。我们的"进"与"出"，较少地仰赖机缘，更多地依靠我们自己的敏锐与定力。

　　批评意识便极具纠正作用。往极端地讲，没有批评意识的"欣赏"，不是最恶的"欣赏"，却是最恶的庸俗。

　　我便想，《名作欣赏》的大使命，乃至一切的文化刊物，对于人生和社会的积极作用，以及她所应坚持的姿态，即是：反对庸俗。

　　——这些浅浅的墨，毫无写意之快感，仍是朦胧的、混沌的忧伤。

文学红

在普天同庆共和国成立六十周年之际，我们的这期杂志与大家见面了。

一本有责任感、使命意识和人文理想情怀的杂志，不仅应该深入社会文化生活的细微之处（谓之体察谓之触摸），而且，对于牵动时代风云变幻的重大历史事件，更应该予以密切的关注与研究。历史的关节点上，各种脉络纠缠，人事交集，万象起伏，内容丰富异常，往往能够为我们提供一个进入、理解与反思的开阔空间。《名作欣赏》杂志同人有志于继承传统、开拓新路，"文学红·共和国文学六十年" 专题即是我们基于上述理念的一次实践。

这个专题的策划，构思很早，大概在年初杂志诸多调整开端之时，便有规划与设想；然后续的步骤却显得非常拖沓，有工作头绪的繁多与杂乱，但更为重要的原因，是我们于此的举棋不定。起初，我们计划采取一种宏观性的编辑思路，拟以国

悠然读书，洒脱为文
——一位"八〇后"主编的工作札记

庆专刊或国庆特刊的杂志形式完成基于杂志立场的判断与表达。可在更为细致的策划与组稿过程中，我们还是遇到了许多特殊的实际的问题。比如，一个图文并茂、资料翔实、内容与层次丰富立体的专刊编辑制作，实是一部准图书的运作，而这非目前我们能力所及，即便硬着头皮上，但时间恐怕也来不及。又比如，以国庆之名的专刊，当然在政治立场上有完全的合理性，但我们如此，是否会忽视掉我们杂志读者生态的多样性（有许多读者对当代文学兴趣也无，关注也少），暗含有我们本应必须随时警惕的编辑霸权——关于这一点，在与一些读者沟通的过程中，他们的隐忧让我惶惑不安。

时间便在权衡的反复中消逝，最终我们还是放弃了专刊的设想，而代之以一个连续性的专题策划，即从十期开始，逐期分别从长篇小说、中短篇小说、散文、诗歌、思潮、当代文学史的写作等几个重要的方面，对共和国六十年文学予以总结。设定的最终目标，是希望此连续的专题能够为我们的读者提供一个进一步了解、感触、研究当代文学的相对完整的"史纲"，此亦可比作进入共和国六十年文学的一张"宝图"。这当然是困难的。在阅读、编辑春林先生如期赶写的这一专题中，我颇多疑虑：可以肯定的，目前如此的一个大文本，由于诸种原因，并未如我所愿如我所期；更在想象，我们部分读者阅读之后的质询。

在我看来，每一期杂志的编辑都充满了无尽的挑战，而且，写作者、编辑（策划者）与读者之间相互妥协的大戏更是经常性上演。很难说谁对谁错，但最终的矛盾往往集中于编辑一身。

这不是我的祈谅与推脱，而是必须予以特别的说明。在随后的专题编辑过程中，我们期望能够有效地改进，以达到三方的一种平衡。

二〇〇九年，无论从何种角度看，都是一个殊为重要的年份，太多事件的会合，纪念、反思乃至无法释怀的凝视与索问。就共和国文学六十年而言，尤为如此。共和国文学六十年的功绩何在，史家、学者、批评家多有评述，而我个人更愿意从一个杂志编辑的角度去看，也就是从文学的生产、阅读、批评的角度去看，由此我认为共和国文学六十年最大的功绩在于文学多元化的转向以及文学多元化特征的凸现、确立与不断加强。打个跳水的比方，先是一连串高蹈的不无虚幻色彩的危险动作，在一次异常沉痛的转体之后，潜入深水之中，诸多泳者与观者的加入，最终呈现为一派花样游泳的斑斓多姿。

一个人的名作

有时候我想，"名作"真是一个虚妄的概念。虚妄到，它常常只是一个概念，在文学史籍中闪烁，并在各种公开评价的场合沉浮，比如报刊图书一类。我们很少追究其最初的根源。比如，它从什么时候开始，因为什么人，或者凭借着什么样的事件成为"名作"。我们习惯于约定俗成，习惯于常理，哪怕它往往是抽象的；我们还习惯于人云亦云，自由地跟风。"名作"最终像纪念碑高耸入云，上面刻满了密密麻麻的名字，我们手捧塑料鲜花，以一种奇特的姿势站立。

作为"名作"的它们，常常与我们毫无关系。现下大学中文系的学生不读作品可谓是一个极端的例子。而批评家直视长篇小说题目即挥笔万言评论文字可看作是文学名作消化不良症的集中反映。一般的爱好者，更多的，只有听命的份儿——这个命，是"名作"的命令，而非己之安身立命的命。

实际上，这应该算作常识一类，可以称之为"常言道"。

如果说"名作"是一篮子绿色蔬菜的话,那里边,我想必总有我们不爱吃的。即便你一直喜欢吃的西红柿,但,它或许太绿,或许太熟,或许是好极的水色,可这一天你根本就没有胃口。谁能总有那么大的肚量那么好的胃口呢?

过剩与多至充斥的时代,我们的迷失是悲剧性的。越多"名作"的信息,越多该读的"名作",却,越少阅读的动力,越少亲密接触的可能。再加上光鲜的网络,唯"种"与"偷"(比如最近红火一时的偷"菜"运动),却无"吃"与"享受"。自我学会看书以来,家里的书是与时俱进、与日俱增,妻子每每怪嗔,我只能以"没地方睡了,就睡在书上"为辩。想想真是可怜,没馒头吃的时候,天天盼,可天天都吃上肉了,却消化不良,却不知该吃什么了。

不吃的人不吃也罢,吃的人还是要吃的,但确是该讲究个吃法了。

我想与其听信别人,不如听命于自己。我们通常意义上讲的"名作",往往只是大家的"名作",集体的"名作",人类的"名作",也可能是自己的"名作",但实际上绝大部分只是自己知道的"名作",而非自己"名作"的知道。"名作"沦为装点知识的门面,首先是"名作"的悲哀,其次是个体的悲哀。当然,最主要的是个体的悲哀。人死了,"名作"还在,这是不是世界上最为可悲的事情?!

一个人的"名作",或曰个体的名作观,如此的概括,算不上静默机巧的转身,但至少可以开启一个新的视角。

从阅读的角度看,我想这应该是一种健康的阅读方式。不在乎读什么，关键在于持续的读，在于注重自己的感受与体悟，而不在乎权威。阅读的持续性，是毋庸置疑的。注重自己，才有心灵丰富、精神提升的可能；不在乎权威，是在批判中塑造自己，并且惠及他人与社会。

我想批判的个体的名作观，是极其需要大力倡导的。不用说为什么，我们都知道为什么。但就是只有越来越少的人去做。我们说他们是一些疯子，疯言疯语，我们沉默倒也好，可许多的人还是喜欢花言巧语：聪明耽误了我们自己，耽误了我们成为一个真正能够认识自己的灵长类。

一个人的名作观，同样还应是一种诗意的写作方式。我怀念早年的《名作欣赏》杂志，怀念那个时期写作者的优雅，怀念那许多篇文章的曼妙轻灵、自如舒缓，透过汉字的雨林，我甚至窥见了他们的神采飞扬。而现在的我们则是苍白迷幻，更遑论风骨。厚古薄今不一定准确，九斤老太亦有其可爱之处；将一切归咎于时代的错误与粗鲁，恐怕再过些年，我们连做九斤老太的资格也没有了。

接手编辑杂志之初，曾向林贤治先生求教，先生亲笔书信一封，直陈杂志编辑上的缺漏，并鼓励如何如何。上述思考多源于此，这篇手记且以为记。并，遥谢贤治先生以及无数对《名作欣赏》杂志热心的人士。

还想说：什么样的路再远，也还得一个人走下去。

岁末结语

时间是公平的。不公平的，可能只是我们对于时间的态度。有时候放肆的，是我们的情感和想象；而不满的，恰是我们的梦想。万物在时间中飘摇，岁末，一个界碑，龇牙咧嘴的沧桑。

二〇〇九年最后一期杂志编订完成的一刻，我内心无限苍茫。一颗巨大的黑石在心胸中膨胀、膨胀，濒临爆炸的热点。又仿佛，像纸人一般，轻飘飘，站不住脚，马上就要被莫名的风吹跑。

一重一轻，如此奇异的混合、尖锐的矛盾状态，不仅是临近岁末的特殊感受，实际上也是将近一年编辑杂志的反复。史的关照与文本的开掘，思的硬针与诗的软刺，时代的审视与个人的安抚，古典与现代，长文与短章，读者本位与编辑立场，层次的低与高，权衡的上与下，等等等等，都是重与轻的相互对抗，有着太多的龃龉，我们亦多犹疑与徘徊。你们或许看到了如此不断的调适，在此与彼之间的妥协和坚持。坚持什么？

开放的名作观。继承传统之上新路的开拓。不能放弃的理想主义姿态。

应该而且必须承认，这一年的杂志与我们心目中的美善还有着不小的距离。最近一段时间与来自不同行业的诸多读者的交流，印证了我的这个判断。这是坏事无疑，但我们却应该而且必须从向好转化的角度去思量。作为一本杂志，我们应该而且必须主动出击。我们不仅要有棱角，而且首先要把棱角暴露出来，让读者与社会帮助我们一起打磨，但，内方外圆是永不可达到的，达到之日，便是杂志美学毁灭之时——就如杂志的美善状态，我们只能无限地接近——不完满，就是生命力。前提，是我们的清醒与勤勉。

这一年来，甚或三年以来，我们所取得的基本经验主要是：

对《名作欣赏》杂志传统的梳理与认知。客观地说，由于诸多复杂的原因，《名作欣赏》杂志的发展过程中出现过断档以至难以薪火相传的危机，或者说矫枉过正也不为过。这是一个最为基本也甚为重要的问题。作为一本有品位的致力于文化建设且有全国影响的人文杂志，有些特质，是与生俱来的胎记，是从诞生的那一刻起的殊异之象。不能变，也无法改变。

时代变化之后整体文化状况的把握。这至少应该包括，我们业已变化而且还在深刻变化着的社会文化风潮；学术科学化、体制化之后，我们作者群体的蜕变；分众传媒时代，读者的合流与分流；出版的产业化、专业化、资金、人力等资源的变动不居。从深层次看，这些因素与我们杂志的发展关系非常密切，甚至它们几乎可以说是决定性的因素。这告诫我们,任何时候,都是不能够"躲进小楼成一统"的。

对杂志编辑内在规律持之以恒的追寻以及初步的获得。"追寻"意味着杂志独特性的确立与保持,意味着杂志重复表象之下的永不重复,意味着危机的不断解决、疆域的不断开拓,意味着纸媒末日来临之前飞蛾扑火般的光辉奉献与牺牲。尝试之后我们逐步地推进,虽然迟缓但我们毕竟开始了专题的策划、专辑的制作,开始对"人物"予以必要的关注,开始真正重视时效性的问题,编读活动的试水,以及某些时候表现出来的"过于棱角",等等。"动",即意味着可能性;一些人失望的同时,是另一些人的希望。

对这些经验,以及限于篇幅未及表述的另一些经验的认识,必将影响到我们今后各项工作的开展。这是前提。

拿到第十二期的杂志,每个人的感受可能都不太一样,也有许多的人可能更瞩望于明年的杂志。那么最后,我便先行在这里发布一些预告。

首先,在杂志的整体设计上,一些必要的积极的改变(所谓一种有意味的形式)将会实现。

其次,在内容上,我们将对各样栏目的资源进行必要的整合,而力求呈现出一种完整思维过程之后的层次清晰的结构状态。为的是,杂志更具有可看性、可读性、可思性、可用性。

最后,在核心的稿件组配上,如下一些系列策划将逐步推展:"学者领读经典""追寻·迟到的名作""新世纪散文名篇珍藏""经典阅读与现代生活笔谈""中国先锋电影'导读'""影响中国语文教育的知识分子""鲁迅文学奖得主谈文学阅读",等等。

开始即是歧路丛生。而歧路丛生或为希望:一个新的时代?!

二〇一〇年

起航记

二〇一〇年的春天，一本杂志再次起航。

我们无法求证，你从何时选择《名作欣赏》，但我们可以确定，你现在选择了《名作欣赏》。

我们无法得知你的身份、你的住址、你的面容，但我们可以想象你书房的静谧，你手捧书卷的幸福和忧伤。

这一本杂志让我再次认定，我们原本拥有共同的信仰。

我们相信文学的力量、艺术的指引、美的高度……

我们同样相信思想的光芒、道德的律令、善的美好……

我们并且坚守个体心灵丰富的权利和人之为人的尊严！

如果你与这本杂志有过不同程度的交集，你会发现：变了。

如果这本杂志对你而言只是无意地选中，我们渴望你能说：对了。

对一本杂志的情怀和责任，对信仰的确信与坚持，对时代变化的体认与观测，让我们不可以养尊处优，不可以无所事事，不可以麻木不仁，不可以坐井观天。

二〇〇九年的徘徊反复，我们酝酿着改变。

二〇一〇年的春光灿烂，我们选择了改变。

是重振，还是新生，或许都不重要。

重要的，是我们还在坚持梦想。

形式无比重要。形式，是内容的力度；形式，也是一颗心的爱与关怀。对每一位作者的爱，对每一位读者的关怀，当然，还有对中国文化的一片深情。

我们希望能够真正保存一张纸的温度，我们渴望营造一种书香阅读的氛围，我们力求能够保持书籍物化的美好德行，我们希望我们的杂志能够深具一种久已丢失的文人气质。

突破防线的同时，必有新的理念、新的讯号的传达。

过去的我们并不故步自封，现在的我们更显自由轻灵。

我们付出了代价，但不是因为奢华。

而是因为，我们一样，都走在同一条起伏不止的马路上。

一种可怕的美已经诞生？

这过于危言耸听。道不变，心亦不变。

文学不变，艺术不变，美不变，思想不变，道德不变，善不变，人的尊严不变。

所谓日光底下无新事。文本还在，感受还在，困惑还在，意义还在，存在还在。

新瓶子与旧的酒？是的，我们需要警惕。警惕矫揉造作、故作高深，尤其警惕——"论文经济时代"论文化的恶兽。

新文本的传达永是我们的目标，新文风的开创将是我们的大作为，对此，我们深信不疑。

经过近三十年的路途，我们经历了很多。经验与荣耀之外，有希望，还有青春与激情。

二〇一〇年的春天，《名作欣赏》新刊，记下我们共同的时刻。

传统札

关于传统，似有很多话要说，却又总感觉无处落笔、无法言说，我相信这是许多人的感受和处境。

因为无法，传统，便经常性地成了一种比方（任人打扮的小姑娘），比如说，它像黑洞，无物之阵。

传统容易被利用为一种教训。如吓人却很少打人的大棒，相信很多人都有过这样的经历。那是不是可以讲，我们的成长史或者说受教育史，极端地说，便是受传统规训的历史？

这或许并没有什么不对。因为，1+1，大体总是要等于2的，而我们，也没有像仓颉造字一样重新命名世界的必要——已经有了光，我们便在光的世界里繁衍、发展，争斗、进步或者徘徊不前。

问题在于，我们的态度是被动的还是主动的。

被动的奴性，被说成是封建主义的桎梏，但"坐稳奴隶的历史"的断语未免偏颇与激进，将洗澡水与孩子都倒掉，不仅不仁、可耻，而且大违生命的本理；进一步，被动中有无主动的可能，有无矛盾的转化，用实践或是常识检验一下，倒真是能发现无数的例子。

我们提倡主动，不管能否主动，我们都渴望能够主动——即便我们喜好讲"无"，仍还是要落到无用之用谓之大用的跑道上。但这个主观能动性的巨兽，却着实是害苦了我们，直到现在，它还张着血盆大口，等待着机会——只不过，过去是以Revolution（革命）的名义，而现在换成了Development（发展）的大旗。真理再向前一步，便是谬误。真理，不会自动向前，是我们的理性，为虎作伥——理性的枷锁，还是枷锁的理性，大有可议。

抑或是非暴力不合作的。

上学时学世界历史，那时血脉贲张，对于"非暴力不合作"，是极为不屑的，即便政治课上学矛盾的对立统一性学得头头是道，也觉得甘地不过尔尔，实在懦弱得很。现在想来，那可真是无知者无畏。现在的我，对圣雄甘地不仅感佩有加，而且是心向往之（虽不能够）：圣雄之谓无愧（"圣雄"一词，不知是谁的命名，令人叫绝。圣者，雄者，古往今来，又有几人可兼备？），吾辈当共勉且孜孜求之。我甚至想，"圣雄"是不他出的，他的生长与发育，唯在东方文明的大陆。

我们说传统，经常是以空对空的形式进行的，一种辞令对另一种辞令，一个招牌对另一个招牌。传统不应该成为大而无当的符号。我想，传统应该是一种体系，一种开放性的体系，其中所包括的便是我们一切文明的好的与坏的结果。政治的、

悠然读书，洒脱为文
——一位"八〇后"主编的工作札记

经济的、文化的，等等等等。与话语的立场相关，我们应该分类、明确、重申，我们所谓的传统为何。我的父亲在农村种地，他只会说，他依赖的是先辈种地的传统，而不是西方科学主义的传统，更不是"五四"新文化的传统。我们教授学生，也应该仰仗我们以立人为本位、以传道授业解惑为途径的人文教育传统，而不是答案、分数线之类。亦可推而广之。种地有种地的紧迫性，教学有教学的紧迫性，但还有比打到粮食和成为一个知书达礼、心怀天下的人更重要的吗？在历史的长河中，各种参数和指标，恐怕是连粉尘都算不上的。

以传统的招牌为界，新与旧，往往是泾渭分明的两个阵营。旧者，未必知传统为何，抱传统取守势；新者，未必不知传统为何，弃传统而取攻势。较劲较得狠，真是我国的一大景观。新必胜旧，是庸俗进化论；旧必强新，更是庸俗进化论之变种。在新与旧的问题上，我们能否有第三个阵营？学贯中西的陈寅恪所言"了解之同情"是否即有此意？

"了解"意味着知——识，意味着知——道。不论新与旧，倘若都是外行，反抗与争执之外，仅只留下的，便是聒噪与烦恼（西方对话理论的理想与不可靠处便在于，无视对话的前提与基础）。而且，如若我们真的能够剥离掉狭隘人道主义的因子，"同情"可真是一个极其美好的值得追望的大词。是否可谓之：和而不同，情而不理？

这些年来，在说传统时，我们越来越少提及生活方式的传统了。经济当然最重要，我们被告知，要积极的消费。你应该注意到了一些悄无声息的变化，我们的蔬菜竟然已经变成了"绿色蔬菜"！蔬菜不应该是绿色的吗？这一切皆拜美式消费主义物质主义所赐！

是的，我们很难拒绝消费，但我们是不是可以减少或者避免（时髦的词是要力求过"零影响生活"）？"日出而作，日落而息"的歌谣已去，"敬惜字纸"的悼念却是永恒。

很难说，这与一本杂志是没有关系的。事实上，一颗"同情"的心，在任何方面，都很重要。

文人气

这三个字，如果分开来，一个一个地看，每个字真是都很好，值得细细揣摩。

好是好，但不一定每一个字，我们都能够说得清。先说"人"，如果不是钻牛角尖似的追问，我们大体还是有个较为明了的认识。"文"和"气"就不好解了，尤其是"气"。我曾求教于一位老先生，他谈了大概有一个多小时，引经据典自不必说，还旁征博引了域外的一些学说。说到最后，他嘿嘿一笑，直呼不可解，不可解："气"是神秘的。那么"文"呢？释义芜杂，但有个便利，就是它是修饰"人"的，可在"文"与"人"的关系上来求解。"为文"与"为人"的关系多有定论，但我们仍是困惑多多，其根本在于，在对"文人"的理解上是颇有一些歧义的。最近所看的一些有关文人的书，很少有人具体地解释"什么是文人"的，而几乎无一例外地采用约定俗成的说法，在新版的《现代汉语词典》里便是：读书人，多指会作诗文的读书人。对此，我是不大满意的，你可能也不大满意。不满意归不满意，有一个说法就还算不错。可至于"文人气"，怎么说，那可真是越来越糊涂了。

这个问题很重要。《名作欣赏》杂志之传统与新生，在我看来，是八个字：赏读鉴思，文人气质。那么对于"文人气"，就必须有所回答。按照上面的思路，采取一路追问的架势，却是走入了死胡同。那么，能不能换个思路，旁敲侧击，从外围入手，一层一层，剥剥皮。

文人气，现在仍不是一个很好的词。从"五四"以来，这种人是越来越少了，这个气是越来越稀薄了，但并没有断，用那位老先生的话讲，也断不了。不好为何？在于它的守旧、不合潮流，它的迟钝与慢，它的消极、无力量。一贯的做法，粗鲁与否不论，往往是把一些东西拿来，另一些东西便要清除。这个目标，而且是要彻底的。新的气象里边，文人气不包括在内。批判是必然的，启蒙变成了改造。现在我们正在慢慢扭转过来，谓之"拯救"。转了个大圈，尽管很痛苦，但已经退回到了原点，便可能有新的可能。覆巢之下，岂有完卵？也可以说，我们是被戕害掉了。

文人气有无存在的必要？这个问题，首要的是文人有无存在的必要。解决掉这个问题，便从一个大的方面回答了文人气有无存在的必要。我们现在常说学者，不说文人或少说文人，这里面是大有蹊跷在的。对于文人的批判：秀才造反，十年不成——这是从历史发展的角度讥讽；清谈误国——这是从现实的角度抨击；手无缚鸡之力——这是从社会角色优劣下的歧视。对此，我不做过多辩解。讲两点：毛主席的皮毛论，以及我党对于知识分子的地位的确认，是可以说明文人存在的必要的——知识分子不一定是文人，但文人一定是知识分子。这是权威的说法。其二，从社会生态学的角度去看，文人可以说是保持社会生态平衡的重要"物种"。自古以来，中国即有独特的士君子阶层；西方现代，公共知识分子的大兴，都是这个道理。纠正或批判，良性循环不可或缺。

文人气有存在的必要，于个人而言亦如此。现在看来，不是我们文气太重，而是我们的武气太重商气太浓。我们考虑问题的方式，我们的谈吐，我们的行事，我们为文，是不是都应该文一些？重提学习之重要，是否有此考虑，大概应该是有的。

孟子所言："我知言，我善养吾浩然之气。"这一点，对于理解"文人气"是很重要的一句话。在我看来，这个"善"，是君子不忘其初、反求诸己的"善"，而非"长于、擅长"的"善"。"善"是仅次于"仁"的重要概念，但是对君子（文人）却是最为重要的概念。有善才有浩然之气，善是前提。文人气几乎所有的特征，好的也罢坏的也罢（实际上并无所谓绝对好与绝对坏的），都与此相关。

文人立世，修齐治平。文人气出，心怀天下，道存高远。德尚累进，心需静修，文人气的获得，并不是一件特别容易的事情。从哪里出发？德行与语言。

文人气之弊,在于学而不时习之。学容易做到,习难于坚持。学此习彼,太多例子。

这篇手记便是如此的命运。本想虎头虎尾,无奈蛇头蚯尾。剥来剥去,那个核仍旧很远。怎么办,只能是:学且时习之。

笔墨论

吴冠中先生有一个很有名的提法，叫笔墨等于零。这句话一说出来，反响强烈，众说纷纭。而以我所见所闻，大多是些批评的声音。最近所见、所想、所聊，多与"笔墨"相关，拟作《笔墨论》主编手记一篇，首先想到的就是吴先生这句话。我无参与此话题辩论的识见，只是想抛开这一切，而单纯地由个人主观出发，将这句话当作一个我所认可的事实判断来接受。即，先假设它是成立的，然后追索它成立的原因或根据，进而以这些原因或根据来判断这个提法是否可靠。这看来似有荒谬，想来想去却还是有一定的道理。

细说之前，我想就"笔墨"简单说两句。我所谓之笔墨，有广义与狭义之分。广义来讲，我认为世间一切艺术均含有笔墨的形式，电影有笔墨，建筑亦有笔墨，哪样一种艺术都需要笔墨来完成自己艺术形象的构建，并积极地谋求造成一定的艺术效果，来影响人的心灵。此可谓抽象笔墨。这么说，是想确定笔墨作为艺术奠基者的地位。狭义上说，好理解，中国传统文化中的诗、书、画、印的相合与融通，无笔墨之加入简直是不可想象的，事实是，一切皆是以笔墨为先的。而且，这里边的"诗"之笔墨，与我们的写作最相关。即便我们现在很少用毛笔来写作了，但这个笔墨的问题仍旧逃不脱。电脑程序许是看到了这一点，什么字体、字号，什么加粗、倾斜，一应俱全。这虽然表面，实则有很丰富的与写作主体生命相关的内容。

说完笔墨，接着第一段的荒谬与道理的自辩来说。我为什么这么去想呢？主要还是思路的转换。我最先听到这句话，感觉很震撼。我自称是诗歌写作者，所以我总说好像我当时听到韩东讲"诗到语言为止"那种电触的感觉。觉得好，但是说不出来，一晃就是好多年，直到最近，我发现是自己的思路不对。我之无路可去，是因为我总在这句话的表面纠缠，翻来覆去，缠来绕去，颇有义理之辩的苦涩。而当我发现，"笔墨等于零"的提法应该有一个前提的时候，仿佛在暗的沙尘暴的夜途打开了车灯。如何解，我的基本思路是：如果……，那么笔墨等于零。我列了我认为比较重要的几条。

如果无技，笔墨等于零。匠人与艺术家相距甚远，但大体上可以这么说，艺术家首先应该是一个出色的匠人。技艺的学习与磨炼，是基础之基础。熟而后能巧，巧而后可工，工而后悟，新意方出。我们看现在许多评论家的文字，不忍卒读，为什么呢？大概他们还没有过了最先的语言关、布局关。

如果无情，笔墨等于零。情是一切艺术之宗，无情则面目可憎。《兰亭序》之风流倜傥，王铎书法之嶙峋风骨，傅山之荡气回肠，笔墨处处皆有情注；石涛之向山而吟，齐白石之空灵静妙，其背后若无大胸襟，实难为也；先秦文史、唐诗宋词，元明清之曲、笔记、小说，乃至学问文章，稍有浸染，即有深切感受；及至"五四"以来，亦不乏后继。中国文艺之精神底子，当在于一"情"字。

如果无义，笔墨等于零。情与义多有矛盾。艺术与人生，艺术与社会，我们往往是摇摆不定的。可恰恰是在出与入之间的徘徊与游移，造就了我们文学艺术的斑斓多姿；恰恰是在有用与无用的两难间，丰富了一切艺术者的生命意味。"义"更在于人情世故的通透练达、万象流转的安适自足。是否可以说，最是文人通世故。

如果无形，笔墨等于零。笔墨之美，不单纯为笔墨本身之美，更在于笔墨所塑之像。绚丽与枯涩的取舍，在于对形的制约。有神之形，好笔墨即无笔墨。

如果无境，笔墨等于零。我认为此境有二。其一为心境、修养，或曰精神境界。艺术创造一定要有一种孤胆英雄的意味在里面才可，"心斋""坐忘"未尝不是一种更高意义上的抵抗与不屈服。其二为心境外化之意境。绝非单纯写意之意境，繁复、绵密的笔墨抵达意境的高远实则更难，生气淋漓绝非简约勾勒的笔墨就可实现。由虚而实不易，由实而虚更难。

照此思路，还可以再列。但我认为没有必要了，因为猛然间，我发现这些并不是"笔墨等于零"这个问题的核心。我们追问笔墨为什么等于零，在什么情况下等于零，很有必要，但我想，重要的是我们该怎么办，也就是说，艺术之路何在？笔墨等于零。

说出这句话，你是否感受到了一种深沉、深重的虚无感？这种茫茫然大地空无的感觉，我想正是"笔墨等于零"的高妙处。我们中国人讲天人合一，西方人说彼岸的光辉召唤，相通之处在于，这都是一种圣境、一种无人之境，谁可真正参透？谁可真正抵达？只能是无限接近，上下求索，知其不可而为之。这是人的局限，也是我们的宿命。

　　补记：写完这篇文字，才又找出吴冠中先生的《笔墨等于零》读了一遍。时隔数年，我增进仍是甚少。以此为例，原想在吴先生宏论的导引下，一窥文学艺术的堂奥，殊不知，说出来，仍是自说自话。但文章大体还可自圆其说，姑且看作是我个人的"笔墨等于零"，我个人的笔墨论吧。

历史观

有各种类型的历史观,有不同阶层的历史观,有各种成色的历史观,有不同目的的历史观。我的这历史观,算得哪一种?

记得上小学的时候到乡里参加六一节的盛会,回来后大多都要向父母汇报,这一天干了什么,哪些活动有趣,又结识了哪些新的朋友,等等。隔日午间在大槐树下端碗吃饭,大人们免不了说到自家孩子在六一节的表现。我蹲在那里听婶婶、大娘们讲,却是个个讲得都不一样,绘声绘色,神奇得很,仿佛自己根本没去参加这对一个孩子来说一年中最重要的欢乐日子一样。现在仔细想想,不同的叙说之外,里边的意味却是很多,其中未尝没有历史观的影子在。

最为真切的历史可能正是这个样子,没有定论。若有定论,也只为作为亲历者的个体存在并且开放。

历史观呢,当然是个大问题,但是,这个大,我想,要是与人无关,与个体无关,便是太过自负的概念与教义。空洞的大,不如深意的小。是人的历史观，不是历史观的人；或者说，人的历史观，应该是历史观的人的前提。历史观的笼罩下，同样是需要生命的热度与厚度的。

可往往，在历史面前，人的作为是异常的渺小、脆弱，很难"观"，更别说确立自己的坐标了。从哪里出发，往哪里走，真是无法解决的难题。创造历史的主体，当然是人，但这个人，是抽象的人的概念，具体到哪些活生生的人，能找到一些，自然也要湮没一些，而且，被湮没的，不是少数，是绝大多数。沉默的大多数。所以，与人相关，与个体相关，说到底，也是很虚妄的，让人彻骨的寒，更让人有种陷入无比荒凉境地的感觉。

我有一个判断：对于当下绝大多数的青年人（是不是可以广延至所有的人？）来讲，真是到了大学的阶段，才有可能真正开始自由的文学的阅读；才有可能真正开始历史知识的拓展与历史真相的追索。文学教育很重要，历史教育更重要。最终所得如何，却还得依赖于个人的造化。所以，有些时候在历史的常识、视野与精神上归罪于年轻人，不一定都能说得过去，用历史虚无主义来做评判也很难成立。

进一步说，看清了历史，未必就等于把握了现实、现在。在现实的问题上，"八〇后"一代未必就是糊涂的、享乐式的；从上往下看，我想是不如扎在下边看得清楚的。用弑父情结来解释不一定通畅，但浸淫其中的无奈定是难以消解。《蚁族》的作者以及其所关注的问题，因为它与未来社会的建构密切相关，不能不说是当下最为严重的问题。这或许能给我们一些必要的及时的启示。与此相对，一些由文学批评转向文化批评的智识者，不能

悠然读书，洒脱为文
——一位"八〇后"主编的工作札记

说毫无历史感——他们经历的历史的苦难可谓多矣，但在现实的问题面前，他们看似参与，实则疏离，显得麻木而且迷醉，只在理论的圈套里自足自乐，至于利益集团式的勾结，更是令人万分感叹。

在我看来，历史观的本质，莫过于一种独立的个体的自由选择，而绝非集体乌托邦式的迷狂。天地只合生名士，莫遣英雄做帝王。这是一种选择。学成文武艺，卖与帝王家。这也是一种选择。重若泰山。轻如鸿毛。这是两种选择。不是善与恶的道德纠缠，而是严肃或轻慢的对个人权利的交代。稳定的平衡的社会生态，是需要像草一样自由自在的族群存在的。

判断未必准确，但个人选择的实现，历史意识的树立却是一件顶为要紧的事情。现在许多的行为以及事件的发生，我认为正是因为缺乏历史意识的支撑，才显得可笑而且荒唐。只抓住现在，缺乏对传统以及将来评判的敬畏，我们便为所欲为。如帝王一般，自私到了极点，只为自己的这一刻负责。这已经说得太多了，等于没说。正类似于梁文道关于"讲真话"的感慨。但有什么办法呢？人之观历史，历史之观人，太多作为一个人、想作为一个人的无力和软弱。

或许，我们应该躲在雅致的文本中欣赏、陶醉，果真如此，我们倒真可以一种精神的美好忘却沉重与苦痛，哪怕片刻与短暂！但，这是不是有点吸食鸦片的荒诞？我想，对于文本的背面，以及经典的过去，我们更需要历史意识的进入。文章者，千古事也，在光鲜的背后，在看似洒脱的里层，到底是有一些沧桑的内容的。与邢小群、丁东两位先生聊谈并确立的"经典悸动"栏目，从本期始发，即是希望做此努力。

我本不是专业学史的，上述的这些话，也只是编余偶发的感慨罢了。

师者惑

吾生也晚，上班却早，无奈只为家贫，又有交游、买书、尝酒、酗烟等诸种不良嗜好。早有早的好，最大之一可能就是提前占据了坑位，不用在毕业的逃亡日西装革履、手摇简历、化妆面试。还有一大好，那是特别的一种尊严感与自豪感：在同龄人还在校园里做好好学生的时候，因就职于出版机构的缘故，我却有了续老师的名号。名可不副实，名却最好副实，我想是这样的吧，一段时间还真摆起了做老师的架子，打电话，看稿子，待人接物，一笑一颦，一招一式，学着老师的样子。什么样子？正经。当然，靠着读了几本知识分子书的底子，是知道为师者定要有某种风格在的。因此，不时地就还要感慨一下世事，一番悲天悯人状还要字斟句酌。行为偶尔不羁，言语间或放荡，倜傥与否，追求的都是师者的风格。什么风格？不正经。正经也罢，不正经也罢，反正慢慢地就忘记了。编辑工作的重复与疲累，与真正师者的工作无异，可真正为师者有学生提醒他师者身份的存在，而我所面对的纷纭稿件，却不会自动跳将出来，喊一声续老师如何如何。

但忘记的，可能仅仅是装师者的想法、仪式和做派。我能逃脱师者的名号吗？不可能。同僚、读者、作者，都赶鸭子似的，在屁股后，在耳朵边，老师呀老师叫着。想忘都忘不了，想逃都逃不开。很麻烦。我就疑惑了，我是老师吗？我配得起这个人类灵魂工程师的名号吗？同僚比我聪敏，读者比我高尚，作者呢，那才是真正的老师！

怎么办？

我汗颜得很，更恐慌得很。在汪晖"抄袭门"事件之后，就更是如此，简直可以说惶惶不可终日。有一篇著名刊物关于此门事件专题文章这样说："教师考核、岗位聘任、评职称要发论文，研究生毕业也要发论文，学术期刊成为学界人士的必争之地。数量有限的学术期刊并不能完全满足肩负着发稿任务的各类人等。非学术因素的介入使得这块领地越来越像一个江湖，关系、金钱、名声都在发挥作用。'某些期刊的主编可是很红的人，无论到哪里都有人捧着。'华东某高校中文系教授丛如景说。"

怎么办？

钱学森辞世之后，媒界抛出了一个中国式的悬疑：如何破解钱学森难题？据说这个难题的核心就是一个问题：为什么现在我们的学校总是培养不出杰出的人才？

那，怎么办？

两个怎么办，或者把我的"怎么办"也忝列进来，三个"怎么办"，还是有联系和交集的。不谈分析与推理，单从感情的底子上看，是一片忧思与惶惑的暗色。

我的"怎么办"，换做真正的为师者，是不是也恰如其分呢？是不是也有同样的命题在：何为师者？为师者何？

"抄袭门"者，不鲜而多矣，环球同此凉热，英法德俄美日意奥，是乌鸦就不要笑话猪黑，全球化不正是在倡导一种抄袭化？

钱学森难题难倒了老先生，更难倒了许多人。这许多人是否包括我不重要，在诸多的讨论中，我只是感觉有些问题是大而无当的，讨论的方式，话语的方式，太有点学界媒体化、学者记者化的倾向。什么是现在的学校？（过去的学校如何？）什么是杰出的人才？（难道捧上诺贝尔奖奖金就是杰出的人才？）如何培养？（难道人才是想培养就培养出来的吗？）

问题真是很多，也正因为多，所以大家说得很痛快，甩开了膀子，慢慢地就龇牙咧嘴了。完全归结于体制未免有些弱智，哪一个体制的教育就是绞尽脑汁地培养庸才的？民国培养出的人才多，是因为民国的学校好，民国的教师好，民国的教授好，民国的体制好吗？有一定的因素在，但我的分析，更多的因素在于，民国与当下，背靠的历史资源不同：前者所依凭的当然有"西学东渐"的新潮，但新潮的表象下，是千年文明的积淀与蜕变的必然喷发；对比当下，当下相形见绌，其意不言自明。

时间尚早,需要静候,更需要努力。回到杂志的正题,本期"语文讲堂"开始,"语文讲坛"开讲。师者,所以传道受业解惑也。不管韩愈怎么讲,这个"解惑",我想是包含有解师者之惑的意思在的。

思想性

思想很重要。

哪些思想？范围很广，没有脑子，可能什么事儿也干不成。想来想去，还是先贤孔子说得比较具体，他说："君子有九思：视思明，听思聪，色思温，貌思恭，言思忠，事思敬，疑思问，忿思难，见得思义。"两千多年过去了，我们说思想，恐怕已经不是孔子的这个味道了——现在说思想，也多是在"疑思问"上做文章。而且，还根本没有做好。

我曾经"创刊"过一本命名为《中学生思想读本》的杂志。开策划会，请各路专业人士论证，大多数人对杂志内容的设想多有肯定，但都不喜欢这个刊名。因为想不出更合适的，我便坚持了下来。后来杂志发到学校，有老师向我反映：杂志选的文章还是好的，但就是这个刊名，让不少的学生打了退堂鼓。一问才知，学生一看到"思想"二字，马上就联想到了政治课本；甚至有的学生一看到杂志就说了，老师啊，本来我们就头疼上政治课，你怎么又给我们推荐政治辅导书啊。我原想,"思想"二字的政治性倾向,因为改革开放的斗转星移,本该淡化了,本该还原为其真本色了,但学生的强烈反应,还是让人唏嘘不已。

思想性,变成了政治性,许多话,便真是没得说了。如果我们说一个学生很有思想,那么,就必然要转换成这个学生"根红苗正"、政治过硬。当然,这是有道理的,可细想想,总觉得这里边的滋味还是怪怪的。

不说也罢。我们的教育总在前进中,要前进,就免不了要走这样那样的弯路。还经常听到这样的话:一部作品,一篇文章,思想性很强。这是什么意思,我确是有些搞不懂。看看作品,读读文章,然后再想,好像明白了一点,又好像迷糊更深。原来,思想好比漩涡,并不容易看清。

当然,也有能够看清的。在看清的基础上,我甚至发现,说到有思想,思想性强,最后往往都能归结为一句话、一个判断、一个道理,甚至是一个常识。

原本并不复杂,原本不应复杂,那为什么一说到思想,我们总是云里雾里?政治性的问题,"文革"记忆的未及清理,是很重要的一个方面。但目前更为重要的,可能是:第一,我们拒绝真的思想;第二,我们将思想极度抽象化地理解,一再编织思想的魔术手套。

假思想见到真思想,不是羞愧、积极进步,而是拿来皇帝的新衣作为新的武装,或是采取其他多种手段肢解真思想。然后,一副洋洋自得的样子:我不思,故我在。

编织思想的魔术手套,表现多矣。比如,学术论文的假大空,长篇小说字符的数以百万计、千万计。我并不同情这些敲击键盘编织思想的人,我也不可怜那一双双必须忍着痛要看这些文字的眼睛,我只是哀叹,那一片一片被摧毁变作纸浆的森林。

我们现在倡导绿色环保、低碳经济、零影响生活。可见的,节约水电等等,如果有心,比较容易做到;不可见的,如"生产思想"的过程,我想也应做类似的努力:绿色的思想,低碳的思想,但要有真正影响的思想。

批评事

关于批评，理论很难讲，但有几个事儿很值得一记。

去年到北京组稿时，与《人民文学》主编李敬泽先生茶叙，关于《名作欣赏》杂志，他提了许多意见，诸如设计包装之类，容易理解也好接受，但他不经意的一句话，却让我很纳闷。他说，你最好不要和评论家玩。我想很多人会和我一样的惊奇，为什么？你想想，他本身就是一个非常优秀的评论家，对我而言，就是不读小说作品，光读他的批评文章也觉得很过瘾。他这番话，是为《名作欣赏》提醒呢，还是他自我的一种深刻反思呢？现在想想，还是不好说。

前一段，在中国小说学会举办的首届中国小说节的论坛上，有幸聆听了叶广芩老师的发言。她风度翩翩，古典韵味十足，关于批评家，她的发言从容舒缓，讲得风趣极了。她的核心意思有二：对于评论家的工作性质，她定性为——评论家是拿作家的砖盖自己的房子；对于文学最为关切的语言问题，她的判断是——

悠然读书，洒脱为文
——一位"八〇后"主编的工作札记

评论家的语言应该好好改善一下。这些话，我都记在了本子上。当时环视会场一周，我注意到在场的学者、教授、评论家，不管知名度与影响力的大小，基本上都很平静。

同样是在这个会场，李建军老师"被要求"发言，他从当前的小说创作讲到当下的文学环境，在这一席话的中间地带，他奋不顾身地引爆了对目前批评状况的批评炸药：我们缺乏的是苛刻，我们太多的是不负责任的宽容；什么价值多元，实质上是价值混乱。对此，我深表认同，但又疑惑重重。

前些日子韩石山先生新著《张颔传》出版，作协以此为契机，联合出版局、文物局、出版集团召开了韩石山传记文学研讨会。著名古文字学家、九十岁的张颔先生亲临会场。他的讲话幽默得很，引得大家掌声一片，其中有几句话颇可玩味。他说，《张颔传》写得好，我很荣幸，但我只是一个原料，归根结底，还是韩石山先生的文章写得好。张颔老一生谦卑谨慎，所说"原料"，一笑过后，确是蕴含深意，引人无限遐想。

昨晚偶遇一做古典文学研究的博士同学，他说他注意到一个现象，读历朝历代留下来的各类诗话发现，诗话写作者极少谈论同代人，所论诗人词家年代与己相距甚远。因此，他判断，由于距离的拉开，各种利益纠结少了，所以诗话词话中才颇多个性慧眼、颇多理论洞见。

他的判断准确与否、臆想与否，姑且存而不论，倒让我想起了新读的总编赵学文老师的一篇文章，题为《德怨相报之辨》。此篇文章，关涉社会伦理，起始点却是《道德经》中"报怨以德"与《论语》中孔子讲的"以直报怨，以德报德"。之所以想起来，是因为我做了如下的附会：如果假设或认定文艺萌发于人的幽怨的话，我们的批评是不是同样存在如赵学文老师所说的德怨四辨：是以德报德，还是以怨报德，是以怨报怨，还是以德报怨。社会伦理之德怨辨，立场不同，众说纷纭，批评伦理之情形，大概也差不了多少。

事实上，我在大学时即怀有一个做批评家的梦想。如此梦想，受身为评论家的班主任影响之外，还有一个大的文学环境。如今的公共知识分子、彼时的文青韩寒刚刚出道，虽还未有现在旗帜般的影响，但已渐有风雨欲来风满楼之势。离上海不远的南京，一批青年小说家发起的"断裂"运动方兴未艾，一本薄薄的《生命的摆渡——新生代作家访谈录》，让中文系的许多人兴奋异常。更为要紧的，是"黑马文丛"的横空出击，尽管过了许多年，其中的许多人已发生了令人无法料及的巨大变化，但如今在我看来，当时其对于特定青年群体的影响，并不亚于八十年代的启蒙运动。

但，这个梦想坚持了不到两年，我还是放弃了。你问我，我也说不清楚，这个问题，现在仍萦绕我心。愚钝如我，不知何时才可想个明白。

经验谈

许是秉性的缘故,我一直视读小说为畏途。每每见春林先生,听他挂在嘴边的一般是又在读或刚读完了某人之小说,啧啧称叹作家高明之外,其面容更满是下笔作文评论的雄心。我送他"中国读小说第一人",不知他接受与否,但他亲历文本的功夫确是十分了得,尤其是在当代长篇小说这一块,他用力更是勤勉。

我的部分困惑可能源自文学经验的问题。在阅读小说的急行军中,我总是会改变或打断自己阅读的节奏,在一些沟沟坎坎的地方停下来,问一些自己也解决不了的问题。比如,在《秦腔》的阅读中,总萦绕于心且一直到现在还在纠缠自己的是,那样的情境与现实,果真就是我们所处的现实,果真就是我所感受到且不断试图去理解的现实吗?又比如,读葛水平的小说,我总怀疑:那些女性人物的选择是否纯美得近乎理性?

相比于读小说,我更喜欢读小说家的散文随笔,尤其是涉及小说的写作和我们总无法归类而一般以创作谈命名之的一类文字。或许因为没有虚构的压力,透过这些沉淀得有些安静的文字,我更容易触摸得到写作者原本的那颗真心。

于是,我慢慢地注意到,"创作谈"好的一类小说家,其小说文本却是要差些。与此相反,好的小说的"创作谈"往往要差些,许是作者的回避与拒绝,我们甚至有时根本没有阅读到他们的幸运。

在小说的空间内,集聚的经验是比较复杂的,它以写作者的经验为基础,综合了更多人更多时代的经验。这是一种情况。另一种更彻底的状况,是写作者有时完全像一个"超然者"一般,任由人物命运自在的浮沉。或许还有更为复杂者,但就仅有的这两类来说,若超越了一个阅读者的经验能力,欣赏与理解便会变得异常困难,而几近成为一种徒然的观赏。

如此解释不一定完全能站住脚,但对解释我困惑的原因有一定的效力。同时,我想其中还蕴含有另外一个层面的问题:我们如何把握一个小说?一般的欣赏或学理的评论,我们如何呈现小说给予我们美感的冲动与精神上的刺激。小说如此,其他文学的样式应该也是同理。

目前,就我看,对文本的欣赏与批评、梳理与研究,是太多价值论的腔调了。有无价值,有多大价值,有如何丰富之价值,像极了在水果摊挑西瓜,这个拍一拍,那个听一听,切开一个,囫囵吞下去罢手了事。在对一些特定时期的文本的研判上,却又不顾事实与文学的基本价值,重评之下颇多人为的扭曲。

文学研究自有其内在的路径与逻辑,一时代之文学判断,有一时代之鲜明烙印,可这个"烙印",放置在历史的纵坐标上,往往也是一时代之不足与局限。文章千古事，是理想，更是宿命。价值的确立，真是让人伤神又倍感虚无。

价值的随意性给出，当是我们应该警惕的。此外，我更倾向于一种个人体验性的姿态。历史的价值任由他去，个人的经验却至为关键。我们所说的文学，不正是一代又一代人、一个时代又一个时代经验的累积？我们所谓的欣赏、批评、研究，更是应该强化一种纯我的体验性的介入。

在无法获得我们自身文学理论有力支撑的当下，如此立场的转换，我想是殊为必要的。

卅年感

一九八〇年十月，《名作欣赏》创刊！到现在，已是三十年的光阴了。

梳理中国期刊发展史，《察世俗每月统记传》《东西洋考每月统记传》以来，可谓代有人出，英杰辈见，跌宕起伏，潮落潮起。在历史的偶然性面前，我们真的很难确定是历史决定并选择了人的行动，还是人的意志创造并丰富了历史。在这两百年中，历史风云变幻，期刊的命运更是浮沉多变，有许多重要而且关键的历史时刻值得我们铭记。它们，就像巍然耸立的一个个界碑，记载了中国迈向现代文明的进程，也记载了中国文化生生不息的光荣。

《名作欣赏》的诞生，正适逢如此时代大变之机。其时，党的十一届三中全会刚刚吹响中国改革的号角，阅读的饥渴、文化的贫乏急需扭转。创刊之初，《名作欣赏》即以传播世界文艺经典，弘扬中国传统文化为己任，志以文艺经典中的人性美好之光烛照中国人久历政治运动而遭蒙蔽、破坏、凋残的心灵。

悠然读书，洒脱为文
——一位"八〇后"主编的工作札记

三十年来，《名作欣赏》由山西人民出版社、北岳文艺出版社而至山西出版传媒集团，正与中国新闻出版的改革发展合拍同步；三十年来，《名作欣赏》由"阅读经典，赏析美文"而至"诗意情怀，理性精神，人文视野"，历三代人四任主编，孜孜以求，筚路蓝缕；三十年来，《名作欣赏》由书到刊，历双月刊、月刊、半月刊、旬刊，见证了新时期以来社会主义文化的大发展大繁荣；三十年来，《名作欣赏》大志恒心不变，与万千作者一道，与无数读者同行，其间众多美好故事，让人感怀。

在改革开放三十年来中国社会日新月异的发展进程中，在改革开放三十年来中国期刊繁荣发展的语境内，《名作欣赏》的存在独特而鲜明。《读书》杂志以书为媒，负载的是中国人文知识分子的道统守护；《人民文学》《收获》，可谓中国文学之灯；《书屋》《天涯》杂志，以思想、良知、常识为种，育人文之花，护民主之树。而《名作欣赏》三十年之不变旗帜在于，以名作为核心，为纽带，为桥梁，不高高在上，不作媚迎合，呈现经典之美，连接精英与大众，守护杂志之责任与使命。

三十年来，《名作欣赏》以其高雅形象，以其优良品质，赢得读者美誉、社会认可，所获诸多殊荣：连续四次入选中文核心期刊，连续三次获得国家期刊奖，连续十六年获山西省一级期刊，多次荣膺华北优秀期刊。同时，《名作欣赏》是国内文章转载率最高的杂志之一，在中国知网、龙源期刊网等网络点击、阅读、下载频率中一直位居前列。

三十年来，尤其是近十年来，中国社会、文化多元之态已见，中国知识分子以专业化、群落化为主要特征的分化现象影响深广，中国民众信息获取媒介的爆炸性巨变亘古未有。应对此业已变化了的时代状况，在二〇一〇年，《名作欣赏》进行了全新改版。以"谦爱为怀，文章行世"为立足点，以"诗意情怀，理性精神，人文视野"为理念，倡导开放的、有时间维度的、关怀当下的"名作观"，突出"经典性 可读性 思想性"的特色。从二〇一〇年第七期开始，杂志新风已基本确立。改版近一年来，《名作欣赏》务实创新之举，已不断获得社会主流的认可和广泛传播的口碑。

三十年，《名作欣赏》是中国文化复苏与昌荣的见证者和参与者；三十年，《名作欣赏》是中国新闻出版事业改革与发展的亲历者与实践者。三十年的历程，是《名作欣赏》人作为中国出版人的自豪；三十年的岁月，在中国人精神成长与自信的长路上，一直有《名作欣赏》相伴。

三十年光辉、荣耀已入史册，新的一页已经打开，《名作欣赏》将昂然迎接新的曙光。

惶然录

人,诗意地栖居在这个大地上。哲人说出这句话,写在纸片上,仰望苍穹无语。地产广告气魄大,字喷绘十多米高,谓之君临天下。小时候上山放牛割草,见过蛇的一次壮举,在"万恶"的荆棘丛中,蛇身缠绕,吐着信子,气场笼罩下,一只蒿鸟一动不动,蹲在草窝里,平静如水,诗意栖居。那一刻,惊恐于蛇的威力,现在,则想逃离蒿鸟的麻木:"诗意的栖居"或可与"死亡"直接画上等号了。

面朝大海,春暖花开。海子的诗歌疯狂而热烈,高呼一声,一头扎入,浪来潮去,眼镜被海水卷去,无影无踪,抬头,四顾茫茫。无奈,只能在脑海中想象春暖花开的盛世美景。这是二〇〇三年在青岛闯海的经历。后再遇大海,怀念那副黑色眼镜的同时,便只能默读韩东的《你见过大海》打发了事。某日,姑娘希希唱歌给我听,天真无邪:大海啊,大海啊,就像妈妈一样。

生命的全部尊严在于思考。这好像是帕斯卡尔说的。最初读到这句话，震撼无语，马上抄下来写在本子上，还在其他许多不同式样的文章中反复引用。直到被父亲打击：初中暑假你和我到外村借小麦，你说没馒头吃，还能不能思考呢？我勉强说能，其实心虚得紧。在编辑部，我和王朝军是最怕饿的，所以我也告诉他，对这句话，以后我们要小心使用。

一只笼子在寻找一只鸟。卡夫卡箴言录语。刘小枫先生在《沉重的肉身》中，摘引箴言录中若干句子，以此探察卡夫卡精神世界，有颇多性情文字发挥。后来细读《卡夫卡情书》，才发现"父亲"并不是卡夫卡唯一浓重的阴影，卡夫卡本人懦弱的性情亦是他自己命运的又一注脚。To be or not to be，这个"or"，被我们忽略掉了。一只笼子在寻找一只鸟，一只鸟也在寻找一只笼子。

还有一些，诸如此类。北岛有言，我不相信！我惶然而犹豫：自信的盲者，永是我们的现实。绳索悬在天空，既可供人行走，又可缠绕，成为杀人的刀剑。

黄永厚先生说：悲观什么，真理让我们留恋；仁义忠信，乐善不倦，此天爵也。

岁末语

《名作欣赏》杂志，今年十月，度过了她的三十华诞。人言三十而立，立与不立，自有评说，不消费舌。客观地说，近两年来，从杂志社内部的管理到杂志本身形体的塑造，的确发生了许多变化。如果放在三十年的坐标上去看，这颇有点老骥伏枥的味道。

一本有着三十年历史的老刊物，过多纠缠"从哪里来"的问题，人不免自负、自缚且自大：传统当然是重要的，可如果采取用一种消费主义的姿态，不仅于事无补，反而贻笑大方，恰如无知的阔少。因此，重要的是，往哪里去。

"往哪里去"，这是最大的问题。同时，也是极为复杂的问题。基于出版史上的一些著名案例，我们往往认同并肯定一个主编所发挥的重要作用，从而认为：一个主编的方向，便是一本刊物的方向。这是有一定道理在的，要不设置主编这个岗位做什么用呢？可如果说，是决定性的、方向性的作用，我不敢苟同：在任何时代，一个人只能贴着时代的地面前行，你不能也无法漂移在地平线之上，浮游飞翔之姿，梦想而已；而且，对于一本刊物，我们往往只把眼光投注到她最终的成品样式上，只认判结果，却绝少追踪过程。

所以说，一本刊物往哪里去，并不是一个人能够决定的，更何况像《名作欣赏》如此地位的刊物。

把这个问题想清楚，我们便不会那么武断了。一种平和包容的姿态，对于一本刊物的形体塑造，其重要性不言而喻。

早不早，晚不晚，在三十年的节点上，杂志往何处去，成为一个集中的焦点和普遍的话题，我想，这是一切与《名作欣赏》杂志相关者的幸运。由幸运而至机遇，其间是对我们的考验。

改版一年，承继传统、面向未来，我们似乎也逐步清晰了自己的方向。

什么是杂志？这是一个值得恒久追问的命题。因为特殊的原因，目前对文学刊物的普遍认识，是计划经济时代的条块分割与市场经济时代细密分工的混合体，无视杂志媒体的功能，弱化杂志中介性的本质，轻慢杂志之杂的丰富性特质。《名作欣赏》不是专业学报，不是地摊文学，不是教科书，不是私家花园。不是《读书》《随笔》，不是《人民文学》《收获》，不是《书屋》《天涯》，但又有深刻的关联。这个关联，即在于，对世界、国家、社会、人生的立场。所谓"名作"，并非全部，而是触发的必要媒介；有关"欣赏"，是把玩、咀嚼、评鉴，但仅停留于此，或易转为鸦片与毒药："笨蛋刊物"制造"笨蛋读者"，并非是危言耸听。

改版一年，十二期杂志，倏忽而过，我们仍在不断地搜集来自各方面的各类反馈信息，以资校准、调整杂志的航向。十二期

悠然读书，洒脱为文
　　——一位"八〇后"主编的工作札记

　　手记，也不是空穴来风，而更多来源于与不同层面"读者"的交流甚或争论。我们认为，唯有不断地思考，才可为杂志不断注入新的养分。

　　往哪里去，于任何事物而言，并不是凝滞的，也不会有一个终极的解决。如一滴水、一粒沙子、一块煤，如光和空气，我们只是履行着属于自身时段的责任和使命。

二〇一一年

一个被遮蔽的意见领袖

对于平素我们所认定或阅读的"刊物",我习惯于称之为"杂志"。相比较于"期刊",我认为"杂志"的称谓更为准确。

期刊是一个类词,其意大体只能说明它和报纸、图书的不同。而且,这个不同,仅仅停留于形式的不同。它好像是一个术语,缺乏生命的可感性,苍白而且冷酷。

因为它是一个类,就必然有可能被划归于某个阵营,归属于某一类系统。这就势必会造成它与这个世界的疏离与隔膜。被摆在某一方格子内,如井底之蛙。

这个世界恐怕是很难分类的。我们的分类,日益明确而且清晰,但我们前行的路途并未变得阳光灿烂,相反而是晦暗不明、雾气沉沉、歧路丛生。如果把古人拽过来,他看到我们现在纷繁复杂且无穷尽的名词,会做何感想?他一定会失语而寸步难行。

杂志的"杂志"名,应对的正是这个世界的万象本源以及人的复杂性。想想看,"文学期刊"和"文学杂志"是一样的概念吗?

悠然读书，洒脱为文
——一位"八〇后"主编的工作札记

二者的真实差别，岂可是天壤之分别呢？

从杂志诞生的那一刻起，我们看到，它就一直扮演着出版物中意见领袖的角色。《新青年》如此，《求是》亦如此。马克思说："它能够更广泛地研究各种事件，只谈最主要的问题。杂志可以详细地科学地研究作为整个政治运动的基础的经济关系。"可吊诡之处在于，从杂志诞生的那一刻起，杂志作为意见领袖的角色一直却被遮蔽。遮蔽之后，是弱化，弱化的长久与不间断，便是无意的忽视与有意的放弃。一个伟大的意见领袖被强行宣布死亡了，但，"被死亡"不是真正的"死亡"吧。只要"杂志"未被除却"杂志"之名，它的精神和意志便不会沉沦。即便除却，它仍如地火暗行。

意无尽而杂，见有自而志。这即可对应于马克思所说的"各种事件"和"最主要的问题"。作为意见领袖，它要说出，它要表达，它甚至要反对和批判。那种自豪的姿态，恰如《像鸡毛一样飞》中一句经典台词："我，要给大家，朗诵一首——诗……"

期刊，或杂志，大都有具体的名称。一旦有了名称便自然要做出各种必要的限定。但限定，若不是对"事件"和"问题"边界的限定，而是对此限定本身的抽象限定，那么这个限定，应该说是无知者和苟且者的无理、轻慢的限定。比如，限定"名作"应是"边界的限定"，而对"欣赏"的限定，往往属于"抽象限定"。

杂志的精神如圣火不熄。它照耀着我们，温暖着我们，并一再鼓励着我们。所以，现在，我们再去读那篇著名的《读书无禁区》时，我们或许才会少些激情和冲动，而多些富有理性的向往。同样，如果你大体阅读了二〇一〇年的《人民文学》杂志，你似乎又会感叹：啊，春之声。

　　新年第一期杂志，在"欣赏"之余，我由衷希望诸位可收获一些"意见"。这个"意见"，哪怕是转化为"谈资"，我想也是不错的。

"微博"起兮谁飞扬

　　一到"年底",每个中国人都要纠结那么一阵子。平常就够奔忙了,"年底"更奔忙。原来我不太在意这个事儿,大家都忙,干吗你能闲着?最近,从"形而上"的层面,我似乎想明白了这个事儿。为什么纠结如此,奔忙如此?大概源于两个"年"的压迫,一个是公历,也就是西元的"年",另一个,便是农历,也称阴历的"年",最近几年时兴叫"中国年"。视不同年份,两个"年"相隔的远近程度,"年底"之给力程度不同。幸与不幸,只能交给时间说了算啦,可谓之:"年"的双向煎熬。

　　今年,不对,这一次,两个年挨得比较近,元旦一过,马上就是春节了啊。于是,我所见者,大多行色匆匆,恨不得变作刘翔,跑个世界第一。元旦前给黄永厚先生送书,他拿出一张画坏的画,题曰:新守株待兔。画是画坏了,但意思还在,而且蛮有意思。大树还是原来的大树,人还是原来的那个人,可兔子变了,坐上奔驰车了,唰地驶过曾经给它痛苦记忆的那棵树,还不忘向那个已经呆傻的人挥挥手说，拜拜了您那。

　　黄老说这幅不好，另外一幅比较满意。这也是一幅兔图，题曰：兔子曰。怎么个曰法：画中一肥硕年迈之野灰兔，爪持麦克风，两只大耳朵，端坐如仪，轻启三瓣嘴，开曰。我问何意，他说兔年兔最大，它就要讲话。我说，你又在编排人。他笑了，眼微闭，又睁开，瞪圆了问我：艺术是谈出来的吗？我无语。我知道，按他的思路，"艺术"两个字，还可以换成别的其他的各式各样的名堂。

　　子曰子曰，话却是不多的。于是，我们便猜呀猜的，又是忙得不亦乐乎。兔子，非彼子，大概不会放过曰的机会，大曰特曰，更别说拿上麦克风了。我想哪怕不在台子上，只是在家里，在Word 文档里，也是要过够曰瘾还欲罢不能的。

　　对此，李敬泽先生有精妙之论，他说，这是一个话多的时代。或许正是如此认识，他的一部《小春秋》，尽恪微言大义，刚刚搔到痛处，马上停手，而旁顾左右。有些读者便着急了，你怎么不说啊，说啊，说出来啊，不说出来，我们怎么能知道呢。说，还是不说，看李敬泽先生的样子，对他来说已不是个问题。我想呢，还是不要说吧，懂了不一定说，说了不一定懂，况且，还有老人口讯在耳：说了等于没说。根据自己的职业经历，我的理解则是：不站队喊口号，只埋首编文章。匪首张麻子姜文更老辣，《让子弹飞》全国热映，他手持金色子弹接受专访说：兄弟，咱们不急于表达思想。

　　（字数不够，还是得说。）话说，过去的公元二〇一〇年，网络再度风云，"微博"起，领风骚。各路时政类报刊英雄豪杰，

悠然读书，洒脱为文
——一位"八〇后"主编的工作札记

（终于）不约而同，年度奖项中，均有"微博"曼妙身影。《北京青年周刊》更是将二〇一〇年度人物颁发给了"微博客"，并疾声高呼：戴上围脖，影响世界。时间过得真快啊，逝者如斯夫啊，全民写作，从跟帖，到博客，再到微博，好像真是一瞬间发生的事情，太快了，真的太快了。可这背后潜藏的逻辑让人胆战心惊，你跟了吗？你写了吗？你戴了吗？像极了《让子弹飞》中对胡万的"审判"，其结果恐怕只能如此：不说，要被淘汰（杀），说了呢，恐怕还要被淘汰（杀）。

"微博"起兮谁飞扬？互联网预言家、《连线》创始主编凯文·凯利新书《失控》上市，我还没找到这本书，也不知里边有没有答案。姑且就学姜文一句：让微博飞一会儿吧。

以上所说，啰啰唆唆，春节将至，该说的还是得说：恭祝《名作欣赏》杂志新老朋友，辛卯大吉，万事皆顺；更祈祷：天下昌平，天下昌平！

初雪时念史铁生

作家史铁生离开这个世界,已多日。

是朝军电话告诉我的。我好像愣了一下。他急急的样子,说杂志要如何如何,我说好好好,你看着办。

因为我在忙别的事儿,顾不过来。确是如此。

前两天,珍尔短信,说史铁生追思会定于某日召开,全国联网,同步进行,问能否参加。

我回复:有事,去不了。

我该自责吗?史铁生不在了,身为文学中人,怎么就不能动一下子?是啊,我也在问自己呢。

大学之前,几乎没读过什么书,当然不会知道史铁生。第一次听这个名字,是在看到王春林老师指导的一个"九六级"女生写的文章才知道的。很偶然,因为那篇文章的题目确实有点意思,它吸引了我:《对不确定性的沉思与表达——读史铁生〈务虚笔记〉》。"不确定性"如何"沉思",如何"表达",此类语法句式，为评论家所惯用，我多有腻烦，但这次，我还是定了定神，评论文章没有去读，心里暗想着，哪天找这本书瞅瞅，不为别的，就为这个"不确定性"。

还真找到了，也仔细去读了。没有读完，就是过了十年，到现在，仍然没有读完。可还是读过多次，可以说无数次吧，因为确实记不清了。读过无数次，但却没有读完，在我个人的阅读史中，寥若辰星。除了《务虚笔记》，大概就是《惶然录》了。我为此而骄傲，有一本读也读不完的书，我认为不是痛苦的，而是幸福的。于是，一喝多酒便跟很多人瞎掰，我有两本书，读也读不完，一本是，另一本是，此为人生最大幸事云云。

一位评论家，好像是谢有顺先生吧，说过，一个给小说人物起不好名字的小说，一定不是好小说。《务虚笔记》里边好像除了人物"我"，是用汉字"我"来指称的，其余人物一概英文字母。不知道是否影响史铁生先生的写作，我想，对小说的阅读是有影响。也许正因为如此吧，我就一直没有把它读完。还有一位评论家，是导演陈凯歌的粉丝，说《无极》如何玄妙，充满生命的玄想。我想他说的也许有道理，但我还是看不出来。他说这话的时候，我飘飘然，想着一本书，《务虚笔记》。

还是《务虚笔记》，实际上当时除了对"不确定性"的好奇外，我还对这个书名好奇。"务虚"，在我原先的阅读理解中，我是一直当它做务虚会的务虚的。一个政治上常用的词儿，转过弯，回到文学的怀抱里，还真有那么一点点不适应。

从务虚笔记开始，我便开始陆续地找他的书看。史铁生著作的版权似乎比较乱，新书经常买回来一看，和另外一本差不了多少，尤其是随笔选本。一开始还挺恼火，怎么这么弄啊。后来也就想明白了，这样的事情，与钱相关的事情，史铁生大概是无暇打理的。我更想，你要指望一个作家一辈子要写多少才是个够呢？你自己一辈子一个人要看多少书才算是个完呢？

对于史铁生先生的文章，我痴迷于二，一是他笔后的沉静之气；一是那字里行间升腾而出弥漫在四周的无法用此岸的词汇来形容的氛围。由反抗绝望，到与世界和解，这条路程可谓漫长，残疾与否，并不是必要的一个条件。那些点点滴滴的文字，一个一个的累积，汇聚成生命之河，静静流淌而过，他的肉身如同那越来越光滑的鹅卵石，最终消逝于无，而那一刻，是否已达彼岸，无人知晓。

作为一个人，我猜想史铁生骨子里是倔强的。可他的文字却温润如玉，不扎手，不烫眼睛，他的哭泣，都被抽掉了苦难的因子，深情，自言自语。有一次史铁生上了电视，好像是作协主席铁凝等作家去看望史铁生，我似乎记得，他就是那么静静地坐着，笑呵呵的样子。

对于史铁生，我一直有个愿望。就是，能够去他家看他一次，以一个读者的身份，送一盆万年青。为什么送万年青？我好像是从一本书中看到的。前些年登峰刚调回北京时，他服役的工人报就在地坛附近，我就让他打听住址，登峰可能当成玩笑话了，没有了下文。后来，编上《名作欣赏》杂志，常去北京，每每想起这件事，点上一颗烟，独自伤神，抽完掐掉。

怀念别人，往往是纪念自己。我相信，那日的追思会一定很好很好。追思会后，大家也一定很好很好。我错过了，也并不后悔。

看到央视新闻频道关于史铁生的专题节目,屏幕上打出张海迪的话,我所记住的是:史铁生走了,我们不要去打扰他。

怀念别人,不如纪念自己。薄酒奠青春,伤逝伤逝。史铁生去世前一天,太原初雪,四岁姑娘希希喊着:爸爸,白茫茫的一片。

我在想,真的干净吗?灰白的世界,空无一人。

有关翻译及其他

杨德友先生所译卡尔维诺《未来千年文学备忘录》译笔轻妙，薄薄一册，却可常读常新。前几日，他来电子邮件谈波兰作家舒尔茨小说作品及译事，说到舒尔茨的一篇小说，他认为题目应译作《肉桂商店》，而非《月桂商店》。他说："'肉桂'（cinnamon）不是'月桂'（laurel）。前者就是一般所说的桂皮，是调味品，犹太人广泛使用，加肉桂的面包是他们的主食；月桂是欧洲常青树，其枝叶编成的花环象征胜利和荣誉。"

这是翻译中一个常见的非常具体的问题，却远远超出了技术操作的层次。西学东渐以来，有多少"肉桂"被当成了"月桂"，大概难以计数。我们中国人的确善于模仿和创新，就连这转运过来的"狼奶"也是非要加上一些"三聚氰胺"不可。批评总是摆不脱高的调子，但其间的弯弯绕如果真要能以使用外语的技术能力来解决掉，倒是轻慢得可不谈论了。

丁帆先生在谈保罗·博维《权力中的知识分子——批判性人

悠然读书，洒脱为文
——一位"八〇后"主编的工作札记

文主义的谱系》的札记中，说了一段很有意味的话："作者在全文的表述中往往出现前后逻辑上的相互矛盾之处，我不知道这是作者本身的问题，还是译者在翻译过程中的过失。于是，我在此书中读到的是作者'两副面孔'的论述，作者的价值判断往往是呈前后矛盾的分裂状态，我往往是在拍案叫绝的论断中，从理论激情的高峰跌入其悖论的谷底。"前一段汪晖抄袭事件中，我读"辩论双方陈词"及文章，记得有一位教授也写出了类似的读感。如此深切的体悟之后，存在着一个极有必要的提示：基于个体的独立判断与怀疑永远不可缺席。在另一处丁帆先生写下："由于我们对于西方，尤其是美国的文化语境的理解只是浮游在事物的表面，也由于我们对西方文化和文学许多背景性（尤其是博大精深的纵深历史文化背景）知识体系的缺乏和不完善。因此，我们在与其沟通的过程中就缺少了一种有效的领悟和理解机制，加上翻译中的许许多多话语的误植，所以在阅读《权力中的知识分子》一书时，就很可能造成了许多误读之处。"我相信，如此判断不仅对于保罗·博维此本书有效，就是对任何一本翻译过来的书我们都应该怀抱如此清醒的态度。再引申地谈一下，对于翻译，我们常提到弗罗斯特说过的一句话，诗歌就是翻译中失去的东西。由此，我还是忍不住联想起最近接连不断的学术闹剧，上面那句话，或许真的就可以改为：所谓学术，大概就是翻译中剩下的那点东西。刻薄之余，无奈无奈。

有一次和杂志社老编辑张晴老师谈起《名作欣赏》的刊名翻译问题，她科班外语出身，认为目前的"Masterpieces Review"是较为贴切的一个译法，于是一直沿用至今。对此，限于学识局限，我无法做出评判，但却一直怀有深深的疑虑。无论"名作"，还是"较为贴切"与之对应的"Masterpieces"，一律都在强调"大师""杰出"乃至"名气"，但对于"作"与"pieces"对应与否及具体内涵所指却甚少指意。"名作"就是大师名家的作品吗，恐怕未必，画家有坏作弃作，文学家有创作低谷，学者存在偏狭和失误，这是太正常不过的事情了，把"名"作为一个评判的标准，明显是过于绝对化的。所以，我想如果更准确一点的翻译，是应该将着力点放在"作"上面，什么样的"作"才是我们以及翻译需要回答的问题，弄清楚了这个问题，或许才对杂志的发展以及编辑工作才更有明显有效的指导意义。

"国际化"之后，我们便被要求接轨，如何合理地处理译名的问题，确是一个困扰我们的大问题。写下这些，看手边的《人民文学》，红色底版下是分散对齐的英文译名：PEOPLE'S LITERATURE。我于是又有一点无端的惆怅了。

读《为什么读经典》

一个怪异的人,一个制造迷恋的写手,一个在叛逆中不断回归原点的小说家,伊塔洛·卡尔维诺先生,在他五十八岁的时候,写了一篇《为什么读经典》的文章。

"一九八一年",中文译本的末尾如此标注。这,是不是有一点"轻率"呢?尽管重复,时间却并不是不重要。从语句的犹疑与徘徊不定去探测,那可能是一九八一年秋日的一个深夜,繁复的秋雨调子,扰乱了一个老年人的梦境,他起来,靠在床头上,用自己"独一无二""复杂精致"的大脑演算了一道近似于数学的题目:经典的定义。

一、一个后来变得无效的前提

文章不长,读过之后,我想很多人的第一印象应该是:他老了,如此简单的"数学题",根本无须如此复杂的"定义";

更何况,他所给出的十四个定义,全然没个定义的样子,近似呓语、模糊、晦暗,甚至潮湿得泛着霉气。

我想这有可能是他刻意制造的意外,就像他的小说一样,催眠术屡试不爽,我们便每每被俘:你认为他失败了,他却以一个胜利者的姿态恬然睡去。

直到确立了第十一个定义时,他感觉我们对他逻辑漏洞的怀疑必须做出适当的说明了,可他的说明却是如此的斩钉截铁:"我相信我不需要为使用'经典'这个名称辩解,我这里不按照古老性、风格性或权威性来区分。"语气多么不容置疑,他有这个资格,当然,这也是他的需要:面对"经典就是经典"的无限反复,他只能描述,哪怕是一种带有理论色彩的抽象的描述。这是他一个职业小说家的职责。

从始到终,在考虑经典的定义以及思虑如何对定义做出分解和描述的同时,我相信他一直有一个深重的困惑:他在给谁说这样的话,他的定义对什么样的读者是有效的。我为有这样的发现感到欣喜:在过去很长很长一段时间里,相信如我一样的很多人,一直以为"经典"是具有普遍性的,对每一个人(大多数人)都应该是有效的。伊塔洛·卡尔维诺先生笑了:其实不然;这实际上还是那句口头禅"经典就是经典"在作怪。

在文章的最初,伊塔洛·卡尔维诺先生,虽然不会自恋到承认自己就是那个"博学的人",但他还是清晰地指出:它(指他给经典下的第一个定义:经典是那些你经常听人说"我正在重读……"而不是"我正在读……"的书)不适用于年轻人;紧接着,他又做出了特意的强调:"代表反复的'重',放在动词'读'之前……"他当然不是对年轻人有"不读书"的成见,事实上,尽管他开篇即点明"不适用于年轻人",但后来我们慢慢就会发现,他的主要想法除了和"成年人"一道温习一下自己多年对"经典"认识外,更多的还是想要给年轻人布布道的。只是这个"年轻人"前面需要有定语的修饰。按他的说法,这个修饰,应该是读过一些而不是读过一点书(经典)的年轻人。

于是,所有的十四个对于经典的定义,首先不仅是从"读"而且是从"重读"开始的。读,准确一点讲,重读,是经典成立的前提;没有这两个必要的带有劳作色彩的动作,经典有如僵尸并不存在,谈论经典的定义以及其他种种,便无任何一丁点的意义,而且,显得无知而荒唐可笑的。

写这篇文章时,伊塔洛·卡尔维诺先生已经五十八岁了,他平和了许多,已不像早年那么气势逼人了,他慈眉善目、循循善诱,他或许注意到了如此"绝对"的前提会伤害到他人,至少会影响到有更多的人进入到可谈论经典的行列,于是他才说了这样的话:"一个人在完全成年时首次读一部伟大作品(注意:他没有用'经典'一词),是一种极大的乐趣,这种乐趣跟青少年时代非常不同。"读到这句话,我就为自己仍没有读完《红楼梦》而心稍安慰了。"而在成熟的年龄,一个人会(或者说应该欣赏)更多的细节、层次和含义",这样的话,对于一直读经典的、亲爱的你们,我想是一个莫大的鼓励。

二、经验的特殊效力

在"重复""重读"的前提下,他以对"经典作品"的描述,初步给出了一个关于"经典"的大概的轮廓:"经典作品是这样一些书,它们对读过并喜爱它们的人构成一种宝贵的经验;但是对那些保留这个机会,等到享受它们的最佳状态来临时才阅读它们的人,它们也仍然是一种丰富的经验。"

是的,这位有点絮叨的老先生,仍是那么的宽厚,总要给人以必要的情面。对第一种情况,他有多少信心不得而知,他的重点,或者说,玄机之处,仍在于后一句。这有点像望梅止渴的故事,它多少带有那么一点蛊惑人心的味道。在现实的文化生活内,抛除机械的强硬的灌输式的经典教育,其实,我们最容易习惯于日常的荒芜流转,而停滞于阅读和无理由的虚无等待。所以,对他"保留这个机会"的宽容或期许,我们应该有一种必要的自我暗示和警惕。

他当然有过青少年时期的阅读经历,要不然,习惯于准确描摹的他,不会就简单地认定"我们年轻时所读的东西,往往价值不大"。他认为"价值不大"的原因,不在于经典作品,而在于"我们没耐心、精神不能集中、缺乏阅读技能,或因为我们缺乏人生经验"。

再往后面,越说越好,但在节奏上讲,似乎和前面有些矛盾。他一方面确证无疑地指出青少年时期阅读的不牢靠,另一方面,

悠然读书，洒脱为文
——一位"八〇后"主编的工作札记

却因了自己阅读生涯和写作生涯的经验，用一种近乎和青年人商量的语气说："这种青少年时期的阅读，可能（也许同时）具有形成性格的实际作用，原因是它赋予我们未来的经验一种形式或形状，为这些经验提供模式，提供处理这些经验的手段，比较的措辞，把这些经验加以归类的方法、价值的衡量标准，美的范式。"

如果有人想扮演经典阅读专家或教父一类的角色，我想这一段话，应该成为他随时随地脱口而出的经典语录。回想我们自身的阅读生活，这真是太准确不过的，经典之于生活经验的表述。

这段话中我特别注意的，是"形成性格的实际作用"。即便我们可以承认黄灿然先生翻译的精准，但我更乐意于将"性格"作"人格"的偷换。我还没有去找必要的资料去印证，这位伊塔洛·卡尔维诺先生，在专注于小说的虚拟世界之外，是否还有对现实社会公民政治的热情。如此的偷换词语，或者即便我们没有这个略显多余的想法，单纯地把这句话拿出来、放大，还是有足够惊人的效果。在历史书里，我们现在所看到的经典，在其成为经典的路途上，是经过无数的大坎坷的，这其中，最为"显赫"的行径，便是查禁、篡改，乃至文字狱，乃至焚书坑儒。它同时，似乎半遮半掩地告诉我们，什么样的经典阅读教育，便有可能造就什么样的公民社会。

也许，这位老先生不屑于如此的发挥，他经常性地表现出一种轻逸的姿态，但似乎并没有越轨的打算。回到经典的定义，他再次强调:"在我们成熟时期重读这本书,我们就会重现那些已构成我们内部机制的一部分的恒定事物,尽管我们已回忆不起它们从哪里来。"说到这,他觉得还不够"小说",于是有了下面这句让人无限回味的话:"这种作品有一种特殊效力,就是它本身可能会被忘却,却把种子留在了我们身上。"

顺着经验之绳的引导,他提出第三个至第六个定义。这四个定义,都是对"经验"的进一步发挥,有一点同义反复,但指涉的重点却又不尽相同:第三个定义讲经典作品的"印记"性、"隐藏"性;第四个定义说"重读都像初读";第五个定义更进一步,说"初读也好像是在重温";第六个定义则有些过高地拔举了"经验"的作用:对于读者,经典作品,"永不会耗尽"。

到此,我想这应该是这篇《为什么读经典》的第二部分。在开端左顾右盼地谈论"读"与"重读"的重要性之后,他深入了经典的内部,转悠了好半天,他实际上一直想说出的是:经典即经验;我们的经验即是经典的一部分延伸。所以,他才会说:"我们用动词'读'或动词'重读'也不真的那么重要。"毫无疑问,在一开始受到必须"读"或"重读"的惊吓之后,我们又一次释然了。或许,还会有人要大做惊恐状,呵,不必读,我即经典呐。

三、对批评话语的无奈

老实说,从阅读的一开始,我对这位伊塔洛·卡尔维诺老先生,总有特别的担心。这道数学题,大概是最不严谨的一道数学题,

悠然读书，洒脱为文
——一位"八〇后"主编的工作札记

一个年迈的老者，何必纠缠于此，为一个经典的定义而失眠伤神、耗费脑细胞。这与写作一篇小说的奇妙、欢快之旅，有太大的不同。总的来说，第二部分，虽然还是有一点犹抱琵琶半遮面的小说家气质，但总归解得还算顺畅。他与我们的想象式的对话，也较为和气，以"经验"作结，大家都不至于很难堪。

第七个定义和第八个定义属于一类，据他说，这是第五个定义所隐含的"更复杂的表述"。这确实有一点危言耸听了，但我们已经习惯这位垂垂老矣者在这篇文章中的惯用语气。

"更复杂的表述"之下，多少是有些对经典作品传播与流转的无奈。

第七个定义：经典作品是这样一些书，它们带着先前解释的气息走向我们，背后拖着它们经过文化或多种文化（或只是多种语言和风俗）时留下的足迹。不愧是经典的小说家，如果把"经典作品"换作一个古老的名字，就不是有点而是十足的像一部短篇小说的开头了。对此定义的描述，同样，他抖出了一个小说家的经典武器库，以荷马、卡夫卡、屠格涅夫、陀思妥耶夫斯基的阅读为例，他试图让我们相信这句话的无比正确性：我不能不怀疑这些意味究竟是隐含于原著文本中，还是后来逐渐增添、变形或扩充的。他在思索，或者说他告诉我们我们也应该思考：这些书中的人物是如何一路转世投胎，一直到我们这个时代。

他再一次陷入彷徨，取消"读"或"重读"的前提还是有一点那么不太合适：读一部经典作品也一定会令我们感到意外；我们还是应该"尽量避免二手书目、评论和其他解释"；"中学和大学都应该加强这样一个理念,即任何一本讨论另一本的书,所说的都永远比不上被讨论的书"。所以第八个定义,他准确地说,是"下结论":一部经典作品是这样一部作品,它不断在它周围制造批评话语的尘云,却也总是把那些微粒抖掉。这话说得很奇怪,"经典作品"果真能够自己抖掉那些批评的微粒吗?伊塔洛·卡尔维诺先生没有正面回答这个问题,他认为不值得,他认为重要的是,我们怎么也没有料到"我们所知道的东西是那个经典文本首先说出来的"。但是我们还要问,我们怎么就能知道我们所知道的那个东西就一定是那个经典文本首先说出来的呢?他说这需要"发现",而且他说"这种发现同时也是非常令人满足的意外"。那么他所说的"发现"又是怎么回事呢?我想可以肯定的,一定不是经典作品的"教导",而是第一部分强调的"读""重读",以及第二部分四个定义强调的"经验"。

于是,他带着我们又一次回到了问题的原点:面对经典作品"广泛存在着的价值逆转",烟幕不会自行散去,我们只得相信我们自己的判断。于是,刚刚有一个不必读的正当借口,我们却又一次垂头丧气了。

四、确立自己

曾经有一个人和我说,他有大把大把的时间,他也想去阅读,却不知道该读什么样的书才好。我的回答是,问你爷爷或父亲,但不要问我。这句话有点插科打诨,实际上它潜在的意思是:从老书读起,或者说,读老人们写的书。

我们总莫名的担心老人们的啰唆、同义反复,乃至时空倏忽跨越般的呓语,甚至某种刻意的遮蔽——这是有根据的,对此,我也害怕。但我唯一不害怕的,是这些老人出自老人本能的对未来的善良的期许,或者毫无顾忌地带有矫正意味的教诲。

《为什么读经典》的第四部分,则由第九、第十、第十一三个定义组成。

第十个定义,说"一部经典作品是这样一个名称,它用于形容任何一本表现整个宇宙的书,一本与古代护身符不相上下的书。"说得很神奇,似乎在为"经典"做出盖棺论定,而实际上,如此马拉美梦想已久的那种书,只是一个理想的存在,说它虚幻也不为过。他没有在此基础上展开,那才是小说需要做的事情。所以,这个定义,就只能作为陪衬或反面的论据存在。

这一部分,处处是这位老先生无限善意的教诲。只有他认为经典作品的最终价值是确立一个人的自己时,他才会这么强调经典和个人的关系。

鉴于老先生如此恳切,我想我们应该好好考虑一下他所提供的建议:

必要的姿态:"出于职责或敬意读经典作品是没用的,我们只应仅仅因为喜爱而读它们。"

需要坚持:"只有在非强制的阅读史中,你才会碰到将成为'你的'书的书。"

厌恶感:"但是一部经典作品也同样可以建立一种不是认同而是反对或对立的强有力关系。"以卢梭为例,他抗拒、批评、与其辩论,甚至有不去读他的想法,但最终,他坦率地承认:"我不能不把他看成我的作者之一。"

可以欣慰的意义:"一部经典作品的特别之处,也许仅仅是我们从一部在文化延续性中有自己的位置的、不管是古代的还是现代的作品那里所感受到的某种共鸣。"

当然,还有一句看似与主题无关却至为重要的:"只有那些你在学校教育之后或之外选择的东西才有价值。"

五、经典和时代

最后三个定义,事关经典作品和时代的关系。

首先,不能搁置的关键问题是,是读经典作品,还是读那些不是经典的如洪水般的印刷品。

读到这里时,我有种看戏的快感。每一个人,对于自己所面对的置身其中的时代,总是有种迷离的错位感。换一句话说,谈论过去的历史是容易的,而面对当下,我们常常无语,找不到恰切的词汇、语句去描述它。我们曾自以为是地找到了,实际却是云里雾里,走不出来,越说越困惑,甚至,越说越疼,这真有点像拿着锋利的刀子,割自己的肉。

伊塔洛·卡尔维诺老先生对此也是避重就轻,他说:"当代世界也许是平庸和愚蠢的,但它永远是一个脉络,我们必须置身其中,才能够顾后或瞻前。"前半句,大概是没错的,可是后半句,却很别扭,难道我们必须亲自去体验一下腐败官员的生活,我们才能够写小说、才能够评论如此这类的小说吗?我可能有一点过分的发挥,他所说的"置身其中",在他看来,或许只是对"经典作品"才有效的。如果这么说,"置身其中",便又是"读"或"重读"的同义词了。不管如何,我非常认同老先生如此的判断:

"阅读经典作品,你就得确定自己是从哪一个'位置'阅读的,否则无论是读者或文本都会很容易漂进无始无终的迷雾里。因此,我们可以说,从阅读经典中获取最大益处的人,往往是那种善于交替阅读经典和大量标准化的当代材料的人。"

必须有比较,才可有"位置"感的存在。这需要勇气和付出:我们是否能够摆脱学术考评机制的压力?我们是否能够消除作为一个职业写手的生存压力与欲望?我们是否能够回避作为一个读物生产链条中一环的存在?

而"获取最大益处的人",一定是最辛劳的人。这样的辛劳一定就有必要和价值?以长篇小说为例,据说一年有近三千部长篇产生,我们的批评家如何选定自己的"位置",如何走出这"无始无终的迷雾"?

老先生开起了玩笑话,他认为"把现在当作我们窗外的噪音来听"大概是最理想的解决方案了。我想他还是太过自信了,一个老年人,从生理和精神上,对于外界的声音当然是不敏感的,但对于他一再放不下的青年人(甚至中年人),如此的假设,未免一厢情愿:时代的喧嚣,绝大多数人是无法抵抗也抵抗不了的。

伊塔洛·卡尔维诺先生,一个执迷不悟的人,到最后了,还是那么可爱的坚持,叫人不得不给予十分的崇敬:

一部经典作品是这样一部作品,它把现在的噪音调成一种背景轻音,而这种背景轻音对经典作品的存在是不可或缺的(第十三个定义);一部经典作品是这样一部作品,哪怕与它格格不入的现在占统治地位,它也坚持至少成为一种背景噪音(第十四个定义)。

写到最后,伊塔洛·卡尔维诺先生对自己的解答充满了深深的怀疑,以致他一再表明自己有必要重写这篇文章。他终归没有这么做。他甚至都没得及把《未来千年文学备忘录》写完,一九八五年,他飘然而逝。

文章的最后,他引了一个不太令人提得起兴趣的段子:

当毒药在准备中的时候,苏格拉底正在用长笛练习一首曲子。这有什么用呢?有人问他。"至少我死之前可以学习这首曲子。"

这能说明什么呢,有多少人愿意步苏格拉底的后尘?就像你在引出这个段子之前所说的:读经典总比不读好。尽管,这是"唯一可以列举出来讨他们欢心的理由",但谁能够做到呢?

转向

在二〇〇九年的杂志目录处,曾放过几段题为"我们的名作观"的文字。其中有:

我们倡导一种有时间维度的"名作观"。"名作"之所以成为"名作",它不仅仅是一个既定的事实,一个结果,它的发生、发展与变异,有着丰富的内容可供我们挖掘。它的过去,未来,它的当下,都应在我们关注的范围内。

去年杂志连载过邢小群先生的一系列总题为"经典悸动"的文章,在连载之处,我还曾写过一篇《历史观》的卷首语。

所有这些,杂志无非是想特别强调一种历史意识的介入。也有一些人认为这有悖于杂志的传统。杂志的传统为何,其实每个人的理解还是不一样的。所谓传统,其实仍暗含着必要的突破在里边。如何在新的时代背景和知识背景下,全方位地拓展对于"欣赏"的理解,其实仍是一个关键的但悬而未决的问题。

从空间的角度去看,"人,诗意地栖居"不错,而从时间的纵轴追溯,人,确是一个历史的存在。所谓"历史的中间物"不能够被否定的一个缘由,也正在此点。

我们或许还应该看到,"历史"与"文本",从来就不是一对矛盾。即便彻底如罗兰·巴特,也是难以做到纯而又纯的,何况他本身的存在,即是一个历史选择的结果。总要非此即彼,如此的思维方式,竟然还就是到现在,仍是困扰着我们。

其实,二十世纪九十年代初期,文艺界有一个很重要的转向,在我看来,这个转向,就是历史的求解与追思之潮。从我身边的一些朋友看,也正是从那个时候开始,一些作家告别了曾经作为主要写作形式的小说创作,一些文学评论家将目光投向了历史深处的细缝,或致力于作家学人历史命运的考察。我想,这不是一个偶然。如果我们选择一些经典的个案做出考察,或许就会逐步地理解当代知识分子的困境所在。当然,也有许多人的坚持。但这却不是厚此薄彼,非要分出一个高下,殊途同归,我们的目标大概还是一致的,那便是清醒与独立的争取。

大众文化之中对历史的追捧亦是一波又一波,热度不减,也很难减下去。这大概是我们中国人特有的一种思维方式吧,它顽强的一直在起着作用。我曾问一个老先生,对于未来中国的"猜想",他说,我们只说历史,顾后而不瞻前,我们中国人就是如此。如此的好与坏,真是很难做出评判,这其中或许还有一个开放度的制约。除此之外,对于历史的热潮,是不是说明另外一个问题,即我们历史教育的缺失?窥视欲的一再膨胀,正好是一种不满足与缺位的长期存在。

而至于转向之后，是否就真的能够确立一种可赖坚持的信仰，以及对于迷途的破解，我想还是需要历史来做出评判的。但至少，我们会少一点犬儒主义的可笑与粗鄙。

不多余的多余

一首诗诞生了。它有着太多的秘密，无人知晓。甚至——连孕育它的诗人也毫无准备，他糊涂（怀疑）地看着自己的孩子，就像，我们现时代的动物保护主义者，探视狮虎兽时的尴尬、焦灼与芜杂。

我说的是一首真正的诗。可，什么是"真正的诗"。这仍是无法得到终解的一个悬疑。但，我一再鼓励自己认定如下的判断：如果，一首诗，完全沉浸在词语与修辞的快感与幻境中，那么，它将是无比可耻的；我可以承认它是一首诗，但我必须保留对"一首真正的诗"仰慕的权利。

这已是，一个，美，分崩离析的时代。我甚至残酷地在想象，没有一个单独的词靠谱得可供我们的精神作为依傍。谁都可以利用，它就在那里，它那么无辜，不，是无力得可供任何人摆布——细想起来，我们是一直被"多元"蒙蔽着的——"一元"魔幻般的蛊惑，恰恰让"多元"的触角任意延伸，它的限度不在于"多"，而正在于对它之"一元"地位的拒绝、腐蚀乃至反抗。

只可凭靠修辞的力量，或许可以突破这条潜藏得近乎无形的封锁线；但，每在夜晚守望已不明朗的星空时，你怎么可以对那一片突然盖过星辰的乌云说一声委曲求全的感谢？当然，只要我们把白昼当成白昼，把黑夜也当成白昼，如此正常的自我安慰也不是不可以获得哪怕有点卑微的舒适与快感——只要你的安心、愿意与无所谓。

如果潞潞诗歌的时间标记准确的话，那么这首写在十多年前西式情人节日子里的"无题诗"，或许可作为上述段落渴望传达的意味相对准确的概括：……此刻我就像这些不幸的人／因心灵的恐惧而一片混乱／我以为已经逃离白昼和黑夜／却不得不站在暗淡的栖息之所／它是失去了皮肤的黝黑的内脏／当谷物从大地上一次次被取走／露出这种连影子都不会有的底色／它吞噬掉路旁最后一朵野生的花／用乌云一般的大地报复掠夺者／那已是一具被虫子吃空了的尸身／这时候只有灵魂变得通体透明／在没有躯壳的躯壳里行走／而且听到沉闷的敲钟的声响。

这其中，修辞的力量不仅存在，而且是异常强烈、倔强、蛮硬，悲情而彻底；它传达的方式却是柔软的，像土蜂之刺，模糊了词之软与硬的界限。可以肯定，这其中饱含有智力游戏的意味，但，如果我们有与之大体相配的经验，我们就应该从这一道道门的背后，看到历史与现实暧昧而不清晰、悠长却近乎破碎的影子。

一首真正的现代诗经常因为"晦涩难懂"而遭到白眼和指责。清晰有些时候是必要的，但浅白如水得近乎搔首弄姿的轻佻和低贱，却完全摧毁了一首诗本应该恪守的高贵和尊严。或许，正是在如何面对、判断、呈现现实与历史时，冒出了一个无比巨大的问题：这个问题却难以陈述，我们是不是可以把它形容为，在获得拯救或真义的最终结局之前，尚有一大片空白的路需要我们走，你可以选择直线的笔直，你甚至无须选择，被牵引就好了，而诗歌的小径就在那里，它像重叠又重叠的蛛网一般。也许殊途同归，但"拯救"与"真义"却是个个不同。

诗集《无题》之"无题"意，正在"无题"。不是无语，是独白；不在无题，而在虚无。欲说还休，欲说还休，恰如瞿秋白所言：

"一出滑稽剧就此闭幕了！"

意见与文学

"意见"一词，正在被广泛地使用。许多时候，这个词并不是独自出来闯荡天下的，它有它许多的伙伴，它们集结起来，便开拓出了一个新的空间，或者，有时候也可以说是，立起来了一个新的山头。比如，不知从何日起，突然红起来的一些人，他们突然，变成了一个词：意见领袖。

一切都还在发生，不可能也没有必要理出一条清晰的线索。大约不太远的时候，该是"知识分子"的出场，更准确一点，是"自由主义知识分子"的出场，从胡适的被出版、被阅读和被谈论开始，一直到现在，大家都还很有一些激情没有用完。然而，时间不久，突然就有了"知道分子"的名词——我记得《新周刊》一直在跟踪它，描摹、刻画、记录，甚至颁奖。知识分子书热的时候，在许多书的开端，还要议一议"知识分子"的由来，还要试图为它下一个科学的准确的定义。可还没有来得及争论，"知道分子"就横空出世了。至于"知道分子"为何，大家心中好像都有一个图景，但却并不能够统一到一个画布上来，于是只能成为一本刊物的装点与卖点；随后，"常识"粉墨登场，这也可以是算作一个不大不小的启蒙插曲。也许，我们真的有了"知识"，又还很"知道"，况且是"常识"，于是乎，我们就要"意见"一下，是不是如此串联起来的呢？

大概不完全是。词语的热起与冷下，其实并无严密的逻辑可言。更大的问题，可能源于我们正在发育的对于社会的想象。

我们原来其实并不欢迎"意见"的，虽说没有到了洪水猛兽的程度，但总有冒犯的含义在里头，经常的说法，便只能是内部或私下的交流。被藏在抽屉里，被"潜在"，被挤压为呻吟、幻想乃至猛烈得就要爆发的冲动，最后变成一种不道德的道德判断，好与坏的本能取舍下，全然成为是否识时务的注解。现在的"意见"，尽管"进化"得不是很完全，总还有别样的意味在里头，总还有只要去摸就能摸得着的尾巴，但总归是变得中性而近乎有一种客观性了：我们，都是有意见的人。

从"沉默的大多数"，到"我们，都是有意见的人"，如此迅烈的转换，就是把王小波拉回来，他一定也会很不适应，他仍会不断地疯想：这是否就是我要的生活。我甚至想，现代中国最大的意见领袖，鲁迅先生，若作一篇有关的杂文，他会如何去定题目、如何去开篇，是骂，捧，还是冷笑两声；或者说不定，一看到这个"意见领袖"的名号，他就一定会掉转头去，甩下笔，给我们一个黑黑的背影。

"意见"的原来，那种压抑，总不会让人快乐，可意见的现在，狂欢的迷醉，又让人颇多怀疑。

101

按赵汀阳先生的说法，"人们的各种行动都由主观意见所决定，意见之间的冲突和竞争最终需要政治的解决，因此，意见的世界必定是个政治世界，或者说，按照意见去行动就必定导致政治生活。因此，政治生活就是人的基本生存状况。""意见"必然是和"主观"的，更与现实的"利益"粘连，于是"冲突"和"竞争"无法避免，它的解决，需要"政治的解决"，这似乎就是"每一个人的政治"。但，却并不一定和每一个人的意见相关，每一个人的政治，一定是要小于每一个人的意见的。

文学呢，当然可以被当作一种"意见"来使用，作家，也可以是意见领袖之一种。现在，我们就有许多现成的例子。对此，如何作出判断，我有极为深重的疑虑。在这个时候，桑塔格站出来说："文学的智慧与表达意见是颇为对立的。……提供意见，即使是正确的意见——无论什么时候被要求提供——都会使小说家和诗人的看家本领变得廉价，他们的看家本领是省思，是追求复杂性。"

我相信，如此的"意见"，一定会被更多的人怀疑。而对这样的怀疑，这位被称为"知识分子的良心"的桑塔格，一定是会报以少有的微笑表情的。

救救孩子或青年之止

"救救孩子""救救孩子",还在呼喊着的"救救孩子"。

难矣。确是持久战。不仅仅是吃点抗生素、打些进口针剂就能起作用的,更不是,来一次彻底的手术就可一劳永逸的。可永远要救,可就永远不得获救。但还是要救,不能不救。为什么不能不救?救而得治,还是救反被杀,全然成了实验的运气。我们是做医生,还是做父亲,正如经验主义与理想主义的取舍,不管如何,都充满了危险。

过去被救来救去的孩子,如今,已是青年、中年、老年,或如微尘重归宇宙:那些倏忽远去的背影。可有多少人主动承认自己被救过,有多少人认为救不过是一次又一次的精神伤害而已,又有多少人,只承认救也只是自我的拯救、侥幸的逃逸。蛇和农夫的故事,从来就没有终结,而渔夫和魔鬼的故事却一再上演。

现在准备被救的孩子,吃着奶,一会儿哭一会儿又笑,唱儿歌,跳舞,做游戏,背上书包进学校,上课,考试,被爱护,被关注,

悠然读书，洒脱为文
——一位"八〇后"主编的工作札记

被期许，被成长，被未来。成长驰骋的天地里，架满相控阵雷达，梦想驾驭的疆域内，暗设着无边际的红外线。被救，被警惕。不被舒展。

恶被假定，病被假定，不该被逾越的被逾越，包办与控制，自在的活力必然丧失。从不或极少给选择的机会，在必须要做出选择的关键性时刻，逃避而不面对，或者背离基本的道义和常识，便不完全是他个人的错误，而必定包含了我们的过失。所谓心理病，所谓激情过失，在我看来，完全是一种放弃了对我们自身反思之后的遁词；事实的真相在于，我们每一个人都是合谋者。如卡夫卡所言，有那么一条绳索，它既可供人行走，当然，也可，绕成一个圈，谋害人。

如此看来，青年的反叛就是必然的。如果反叛，在一定的限度内，就有可能走向进步。在一定的限度内，也仅仅是可能。也只能在一定的限度内。作为过渡的青年状态，充满了不确定性；从另外的角度去看，迷茫，或在路上，丧失方向，玩世不恭，冒天下之大不韪，或许正是被一再施救之后的副作用：龙种变作了跳蚤，青年变作了囚徒。

限度为何，是难于确定的。尤其是在被弱智化的施救方针和手段长久控制之下，因为欺瞒和哄骗，限度更不易确定。由被救的孩子，到必然要向未来的青年，大概唯有自我发现一条路可走。有人已经做出提示：通过思考追求一种道德生活。

思考，是对激情的克制，是对浪漫的选择，更是行动的前提。思考，还是一种负责任的态度。还需要再被救一次吗？还需要被救多久？对自己的负责和担当，必须从思考开始。如果说思考过于抽象的话,那么,行动就一定比思考更具体吗?真的猛士,敢于直面惨淡的人生,敢于正视淋漓的鲜血——类似的箴言,几近演化为青年的必备,这着实是令人疑虑的;大先生呼号的结局,还是"不如走掉"。

是孩子,总归要长大,是青年,就一定会老去。谁能肩住黑暗的闸门,给我们放入光来?真要好好地想一想。

再谈历史问题

这一期杂志,有多篇文章和历史有关。熟悉杂志的人或许会有如下疑问:这还是一本文学杂志吗?在编辑部中,类似的意见也是存在的。上个月的编辑部例会上,李刚老师对此就提出过自己不同的看法,大家讨论得也很是热烈。

就我个人而言,也总是犹豫和徘徊。这个话题,在手记中也啰唆了好多次。反复衡量之后,我认为适当地涉及一些历史的话题,还是非常有必要的。

回顾《名作欣赏》杂志三十年的历史,从杂志文章风格的"演变"去看,大体可分为三个阶段:传统的鉴赏法,重个人的感悟,中国式样的文本细读;写作形式的"论文化",解读偏向理性总结的阶段;尚处于改版调试期和摸索期的现在。每一个阶段,一定是受杂志主掌者的趣味和学识影响的,当然,和所处时代的人文学科发展状况也有非常密切的关联。

适当引入历史的视角，并注入相应的历史内容，我认为是杂志自身的要求。文本总是存在于一定历史阶段的文本，如果不对特定历史阶段的情况作研究和分析，文本的解读与评判，一定缺乏实在的根基，流于轻滑，而难取信于人。大学中文系中，不仅开设文学史的课程，而且地位极其重要，大概也是如此道理。文本和历史相结合，而作精彩的发挥，如此类型的文章，现在的杂志上还是太少了。

　　过去的杂志很多都是无所不包的。这一点，只要翻阅一下近现代的影印期刊，就可获得明显的印象。杂志的专业化，是时代发展的必然。但是，不管时代如何催促，杂志如何蜕变，它有一个身份终究是不会去除的，那就是媒体的身份。再专业的期刊，它也应该扮演一定媒体的功能。过去，未来和现在，它都应该发出自己的声音，传递有价值的讯息——当然，这些声音和讯息主要是靠杂志所选择和依赖的作者去完成的。杂志，尤其是人文学科类杂志，媒体身份的忽视和媒体功能的弱化，已经到了必须做出改变的时刻；而且，在纸媒已经完全处于劣势的当下，这一点显得尤为迫切。杂志改版以来，对一些重要历史事件的关注，对一些热点话题的探讨，都是渴望能够承担一点媒体的责任。所以，对历史问题的关注，也是杂志作为一个媒体身份的必然要求。

　　文史哲固然不分家，但作为一本刊物来讲，在不脱离自身专业特质的前提条件下，采取何种方式、如何把握分寸，来呈现杂志对于历史问题的思考，凭此履行自己作为文化积累者和传播者的使命，确实考验着作者和编者的智慧。

对历史，最好的态度只能是正视而不回避。杂志做了一些，但很显然，仍还有很长的路要走。

头条的理由

本期主笔头条犹豫了许多日,最后决定,还是选择《碛口枣事》。

这是李青松先生新作的一篇散文。

前些日子在北京,与梁衡先生一起喝茶,聊得都起了劲儿。话中说起他要和几位作家一起到山西采风的事儿,于是没过几天,在他们东奔西跑的空余,我们在太原又见了面。那次相聚,便有李青松。

送他几本新刊,还发短信聊了几句,他说要给杂志寄稿请我批评,我说编辑岂敢言批评事,只怕先生不来救济呢。没想着他很快就寄来一篇,隔了一日,又是一篇,也就是这篇《碛口枣事》。

把它放在头条,文章自然是写得好的。却有些犹豫,因为还有一点儿自己作为编辑的私心在。

杂志的内容或特色,在我看来,全在于一个"杂"字。刚出道做编辑,在《新作文》上我即执此固念。有一点点机会,就鼓

悠然读书，洒脱为文
—— 一位"八〇后"主编的工作札记

了勇气，编些"无关"的"杂七杂八"文章。歪打歪着，兴许正是印了作文之功正在文章之外的道理吧，总之没有惹出什么大的乱子来。来《名作欣赏》，大家云集，痛感阅世之浅武功之不济，只能埋头，不断读书写作以作补养，可这"杂七杂八"的念头，却还总是飘在脑子里散不去。某次到韩石山先生家请事，他倒腾出来一摞摞近现代影印的期刊让我看，还说那会儿的杂志上是什么都有呐；还说杂志名和杂志的内容根本就是两回事儿。这下好，无意中得到鼓励，便又开始蠢蠢欲动了。

按照过去的路子，青松先生此文当是后出场的，也就是作为被"赏析"或"鉴定"的对象——经过"评点"，如何如何好，如何如何精彩，然后一个"附文"，大家一呼啦进入。这个办法其实也是好的，但若仔细想一想，如果能"首发"，而不仅仅是"附文"或"摘录"，对于杂志或读者，可能更会有一些特别的新鲜的感受。为什么《名作欣赏》就不能首发，就不能刊发原创呢？这个问题虽然是简单的，却总还是绊了我们许久许久。

那今后的《名作欣赏》，是不是还要发"小说原创""诗歌原创"呢？这个问题，若按照上面的意思，我看是无须多说了。

好的散文难找，大概是因为现在我们对于文章还是太不讲究的缘故。粗糙是普遍的。今人作文整体的无趣与粗劣确是一个必须承认的事实。饭菜的精致与漂亮，一个地沟油便全给毁掉了。编辑总归还是一个读书人，哪怕"业余"，文章的好坏一般还是能够看出的。许多篇手记里，我也经常客串一把批评家的角色，说些文章风日下的风凉话；说到杂志，尤其鄙弃那些论文化腔调的招摇。也是无奈。效果并没有看出有多好。怅惘之余，便生了用"散文化"来代替"论文化"的理想。我想每一个读者大概也和我一般，还是希望能多读到一些平易、有趣、不乏识见的好文、妙文吧。这算是为杂志文风的考量。

近读刘绪源新作《今文渊源》，此书对散文（白话散文）发展做了别有风味的梳理、探讨，虽重于史的考察、问题的辩驳，但从我们作文的角度看，也是颇富启发意义的。郜元宝在《读书》杂志的书评文章同样精彩，可参照。

文章合为时而著。哪一种"谈话风"，能绕过个人身处的位置或时代呢？

这篇手记，拿青松先生文章，做了一个不怎么样的"靶子"，也是一个编辑的无奈呢。

岁末小记

前几天听诗人李杜讲座，许久不见，还是一贯的轻松风趣。他讲诗歌的发展，每到"历史的转折点"，就来一句"时间过得真快啊"；结束收尾了，大概有点不好意思，但顿了顿，还是说"时间过得真快啊，转眼诗歌就到了我们自己身上"。

看大家在编制这一年杂志的总目录，不禁想到这个有趣的桥段。

一年的刊物，倏忽而过，许多珍珠般的记忆，还未来得及保存，就被新的人事替换了。如此想想，编辑真是有点像驿站的驿守。接待、服务、迎来、送走，怕不满意，其实往往最后就是不满意。何方的回忆录中，他谈到在苏联大使馆工作的情形种种，自己是未曾亲历， 却是有切肤的感受。

为他人作嫁衣裳。一个喜庆的事儿，可未必就会有终了的大团圆。开新一年度的编前会，本是想要气氛轻松一点的，可不约而同地，都使用了一个极苦痛的句子：戴着镣铐跳舞。这也许不够准确。我说我更愿意用走钢丝或天平上加砝码来形容。回想每一期杂志的编辑，甚至每一次文稿的审定，我想得最多的大概就是平衡二字。

我就开玩笑讲，编辑杂志时间越长，我们的人格可能就会越分裂。年轻的同事们笑笑，我也笑笑。

这看似中庸之道，其实仍是反求诸己。为他人作嫁衣，他人嫁出去了，嫁衣却留下，我们便要自己穿在身上，你说美不美呢？美呢，是孤芳自赏，不美呢，却不能拆毁了新制，只得等下一件了弥补。世界上哪个女子的嫁衣有编辑多？没有。这么说，编辑就是世界上最幸福的人儿。所以，面对满意与不满意我们都应该是感谢的。

做一番回顾，反省还是少于激动。和一个出版社的老出版人聊天，他说每编完一本书，总有这样那样的缺憾，许是怕纠结，拿到样书几乎不翻就搁在一旁了。读钟叔河编选的《知堂书话》，知堂先生虽非编书之人，也经常在文章的末尾感叹，"稍可惜耳"。俗语云：痛并快乐着。总有值得反省之处，并有可弥补甚至重建的机会，大概正是杂志编辑最最幸福所在。时间是重复的，工作未必重复；世界已无什么新的话题，编辑的排列组合的新却不断。如此，或可谓之创造的工作。

改版之后，形式基本确立，文稿的风格却还有继续调整的必要。新的一年，亦有一些旧栏目的淘汰，一些新栏目的创建。

提前的公告有二：一是"文学新青年"栏目的常态化，每期拟由学者专家等推荐一名在校学生（本硕博）；二是"特约评刊人"

的制度化。

  这两个做法，一为奖掖后进，一为评判监督。更多样的人参与进来，未来的《名作欣赏》，大概才有可能日益充实而饱满起来。

二〇一二年

不知不愠

每期杂志终了，签字付印前，我的习惯是再扫一遍目录。

很不幸的，竟是从未释然过。可还是要看，哪怕一次次惶惑已累积为无意识的深重焦虑。最初的兴奋虽未完全冷却，一时的得意与满足早已是无影无踪。那些名字与篇章，如被咒语缠身，变得万分可疑，它们是如何被组织起来，变成现在这个样子的？一遍遍阅读的熟悉，现在竟是十足的陌生，脑海中留下的，真是帆帆点点了。

写作者往往也有类似的感受。彻底如博尔赫斯："事情都发生在那另一个人，博尔赫斯的身上。……我不知道在我俩之中是谁写下了这一页。"他的彻底，也彻底暴露了编辑和写作者感受的彻底不同。这大约有一点像那句不是玩笑的玩笑话：我们刚开始吃肉，你们却吃菜了。

不是不想进步，不能进步吗？大约也不是；进化是容易的啊，可那是知识，于是乎叹：进步让人踟蹰。百舸争流，万象更新，

悠然读书，洒脱为文
——一位"八〇后"主编的工作札记

一元复始，有无进步？无知者无畏！有点狠，太暴力。听子曰：人不知而不愠。而后曰：人知不知亦不愠。

想美国总琢磨着把世界编成一本整洁的杂志，它的惶惑与麻烦大致也是一样多的，倒真个释然了一次。

可细想想，这个比方大约仍是不恰当的。如此推演下去，编辑岂不是也变成了如美国般警察之一种？编辑哪能教训来教训去呢，腹有诗书，人文精神，文化使命，拿个鸡毛掸子掸来掸去，总有点那个什么。

这似乎就是如韩羽所自嘲的"路行百里常转向"之一种吧。

有人骑驴子，就有人坐飞机。说到驴子，一个小姑娘给我讲了一个故事，故事说，驴子有了苹果吃（驴子吃苹果吗？），就不好好干活了。怎么办呢？一个小朋友想了个办法，办法是这样的：第一天，在磨盘中间种下了苹果树；第二天，苹果树发芽长叶子了；第三天，苹果树开花花；第四天开始挂果啦——第一天，一颗；第二天，又一颗；第三天，三颗；最后，丰盛的一棵苹果树。驴子非常快乐，以苹果树为轴心，跳起了幸福的华尔兹。

没有说什么，似乎又说了什么，即使从这篇小记的角度去看，这个故事也还是有那么一点点小意味的。

犹疑与确证，的确可以无穷反复螺旋上升，但还是不要"无限的迷宫就要建成"吧。

盲人摸象真，画龙点睛假；佳节将至，恭祝各位，壬辰大好，壬辰大吉！

学术变作鸟笼子

昨是今非,今是昨非,其实并不容易判断。徒生虚无,其肇端可能正源于不可消除的偏见。反求诸己,却是非有一个庞大的自我才可支撑的。

若要问,现在的《名作欣赏》与过去的《名作欣赏》有什么不同,真还是一个不太好回答的问题。过去为何?现在为何?如果让哲学家来分别,即便秉烛夜谈,恐怕也只是开了个小头。如果来个快刀斩,我最想说的只是"学术"二字。再延展开一点,其实是文学刊物和编辑所面对的"学术"。国家应对全球化,刊物与编辑要应对"学术",甚至要应对"国际学术",这么个弯弯绕,就一直绕弯弯。

据说是否"学术",有一整套的评价标准,甚至还形成了所谓的体系。是否有一套全球化的学术标准,如什么国际 ISO 之类,我不得而知。反正,一有人问,《名作欣赏》是否学术,我很是头皮发麻;接着再问,我的论文或学术文章如何如何,我真是想穿越一下，扮个老先生，拎起戒尺，砸将下去。

一本如《名作欣赏》般的刊物，如果把它人格化为一个"人"的话，它大约至少要背负五重想象：文化体制的想象，如"主管主办"之下对"出版内容和范围"的限定；作者的想象，作为"生产者"，他需要有一个合适的"销售渠道"来扩大影响；编者的想象，作为"来料加工者"，他有继续生产和创造的必要；广义文化传播的想象，即读者大众，很简单，大家想看什么，爱看什么，需要什么；狭义文化传播的想象，特定读者，特定人群，他们的诉求，其中特定人群之特定，大概可称之为学术吧。

这五重想象中，除广义文化传播的想象之外，其他四重想象都是与"学术"相关的。蒙田讲，强劲的想象产生现实。果如此，四重压倒一重，刊物很快就跑步进入学术化了。

正如你现在所想的，我们现在谈论的"学术"，其实和"学术"没有丝毫关系。就像你打开电脑，说"上了网"，这个"网"和那个"网"恐怕也是两回事。学术已经变作鸟笼子，有人想进去，图个安逸的名声未尝不可；有人不愿意，拒绝，那也是自由的，我们该鼓励才对。五重想象中，哪一重都没有法子扔掉，作为刊物，就只能负重前行。

龚斌先生"主笔头条"，确属"学术探讨"。不进鸟笼子，且"学术"，此类"学术"我们还是欢迎的。若手边有一本李零先生的《何枝可依》，你还可翻读一下《答田晓菲》文。当然，若你来了兴致，读一读田晓菲君的《尘几录》我想也是好的。

牛学智文，我很关切。从最初选题设想，到现在的一再捧读，文末所引的邓晓芒先生的话，让我思之又思："整个二十世纪中华民族所遭受的如此痛苦的磨难，难道就真的无法凝聚为一种新型的人性、一种有强大生命力的灵魂结构？难道时代所碰撞出的这些璀璨的火花，真的会毫无痕迹地消逝在精神的黑夜里，就连它的创伤也会悄悄地平复和被淡忘？难道未来的一代一代的人们，命中注定还要像我们这几代人一样，不断地从零开始又回复到零？"

现实主义的题外话

在《现实主义的限制——革命时代的中国小说》一书导言的最开头,美国学者安敏成引述了鲁迅的一篇杂文《扁》。其中有这么几句:看见作品上多讲自己,便称之为表现主义;多讲别人,是写实主义;见女郎小腿肚作诗,是浪漫主义;见女郎小腿肚不准作诗,是古典主义。在革命文学的"紧要关头",鲁迅先生还能抽着烟斗,跷起二郎腿,插科打诨,这可说是他一贯的行文风格,又未必不可说是其心底弃绝主义缠绕的无聊与自嘲。"各各以意为之",也一定是包含他自己的吧。

更早些时候,陈独秀的《文学革命论》"措辞强烈",提出"文学革命的征战目标",其中便有"曰推倒陈腐的铺张的古典文学,建设新鲜的立诚的写实文学"。

二者隔了大约十年的时间吧,"写实"还是那个"写实","主义"却已不是那个"主义"。

后来如我,一直疑惑"写实主义"是何时变作"现实主义"的。

也许，就如同许多著作一样，它们本来就是同义语，用一个括号括起来就可以解决这个问题。"写"换作"现"，总还是不错的，若换作"献"，还能"实"吗？有道是，改字不要紧，"只要主义真"。

鲁迅先生对这些主义漫不经心的描述可以不必当真，但在这之前说的话还是要仔细想一想："中国文艺界上可怕的现象，是在尽先输入名词，而不绍介这名词的涵义。我想大概如此：起先，是没有绍介的资格，后来，是没有绍介的能力。"于是，就一个劲儿地挂"匾"，总在挂，终于也没有一块儿"匾"能够挂起来：现实主义，成为实验主义；绝对的实验主义。

一晃过去了许多年，现实主义仍是现实；所谓一体化有些简单，但却也无奈。"中国文学论坛"把"现实主义的此岸与彼岸"作为专题来进行研讨，可谓用心良苦。杂志头条刊出，践行文学记忆记录的功能之外，其实看作是一次呈现与检验也未尝不可；如果被新时代的读者看作是一次理解现实主义的开端，也是好的。

就我想，河的此岸与彼岸对于渡船固然重要，可河的源头，必然不可忽视。河所经过，高山、峡谷、平原、沙地、黄土，其所裹挟，需做必要的分层和清理。仅仅作为一个棒子挥来挥去，既不环保，也会吓着小孩子，最后只能是白白消耗太多力气。

文学不仅仅是讲话。或者说，文学根本就不是讲话。在什么样的环境下谈什么样环境下的现实主义仍然是一个不能回避的重要前提。其次，我想才是作家的、批评家的现实主义问题。挣扎而不被俘获，不和谐而共生：我们的现实，就是我们的现实主义。

小说派对记

　　毫无疑问，在文学生产的一系列过程中，一本刊物是有着极其重要的位置的。围绕一本刊物进行考察和研究，往往可觅寻甚至把握某一时期文化发展的脉络。这已经被一些学者知识考古式的研究所证实（如王晓明对《新青年》的研究，谢泳对《朝霞》的研究）。

　　刊物传统的强势功能很早就已经被质疑、挑战直至削弱。于现时代，这一点表现得更为明显。不断新起的传播手段毫不客气地甚至是轻松地就覆盖了文学刊物传统的界面。但回溯历史，不难发现，所谓风起云涌，多是乱象。于一个正常的社会而言，知识群体的不消亡，就决定了刊物的永在。意见表达的孔道，智识的提出，纸质的承载，才是文明永恒的可能和象征。

　　立场的坚守并不代表清教徒式的守成。正像《观察》时代的储安平一般，奉行独立办刊之外，仍要在校订清样后的昏黄灯光下，小心翼翼地核算着刊物的诸多成本。谈不上面对什么挑战，杂志的"变"仅仅是自身逻辑的要求。这个逻辑中暗含了与时代发展必要的互动。不舍弃庄重的鲜活，该是杂志的命定。所以说，纸还是那些纸，人还是那个人，话题也大约差不了多少，如何保养，如何呈现，而又保持清醒和坚定，这便是知识群体中必然之一的杂志人的理想和现实。

"七〇后"小说家的专号，其实源于一次文友间的闲聊。一开始聊的，大概就是上面的一些常识，突然转到"七〇后"的头上，只能归结到"谈话风"的功效上了。攀谈可无边散漫，具体到编辑方法上却总不能随意仓促。现在你所看到的这种形式，未必是最好的，但比较起来，还算不坏，最起码，它不是那么僵，那么硬。

"派对"，和我们中国人过去的"雅集"应该是一回事儿。我想它应该源自英文"Party"的音译，也许是港台腔？也许是日本话？不过不妨碍我们的借用。但最先想到的不是这个"派"，而是那个"派"。什么"派"，研讨会的"派"。研讨会自然有它的必要，但这也不妨碍我们批评它总体上的无趣。在王小波看来，无趣很难思维，更遑论深刻。对这个"派"的反动实无必要，但它给我们一个新的方法，如此造反就很有理。

"派对"也罢，"雅集"也罢，对与不对，雅与不雅，都在人。想王羲之的《兰亭序》，想李白的《春夜宴从弟桃花园序》，他们那帮人的倜傥风流真让人羡煞。"派对"的"七〇后"作家只是"参加"，而非"入选"，只与"幽赏未已，高谈转清"有关，而不纠缠所谓"尘与土"的功名地位。

爱，是不能忘记的。"爱情"的主题确定，对于编辑是容易的，于读者而言，也是较为欢喜的吧。但对这些作家，其实很不合理。这反映到作品上，就是选取的困难。这其中同样有对作家创作的轻慢，爱的确是重要的，但一切归结为爱，不是"简单爱"，根本就不是爱。所以，主题只是一个形式上的假定。至于男作家（我们称之为朗读者）写女作家作品的"读后感"，女作家（我也称之为朗读者）写男作家作品的读后感，虽然回避了批评家的介入，但并不是为了保持纯洁的刻意，而是基于《名作欣赏》杂志"欣赏"传统的考虑。感谢所有作家真诚的合作，并真心希望在已经保证了我们编辑尝试的基础上，如此突发奇想式的"朗读与被朗读"，能有益于增进他们的友谊和写作。

从去年五月开始筹划，一直拖拉到今年的四月，主要的原因在于，我们一直在努力，希望能够将这"纸面的派对"变作现实中真正的"雅集"。这其中，一些朋友付出了巨大的努力和牺牲，使我们的希望没有落空：是他们的美好才成就了最终的美好。

因为爱，所以爱，感谢爱，或许这才是我最应该说的唯一的一句话。

梁衡小辑编后所想所记

这期杂志转发了梁衡先生的新作《心中的桃花源——陶渊明〈桃花源记〉解读》,并组合了其他几篇文章,最终而成一个小辑。

我的阅读经历与写作《精读梁衡先生》的曹澍先生大致类似,即几乎通读过梁衡先生的散文作品;但也有不同,他的"跟踪"是一贯的,而我的选择则发生自一个特别的机缘——《把栏杆拍遍》(上海著名中学师生推荐书系版)的热销。当时我还在编《新作文》杂志,猛然收到越来越多中学生关于此书"读后感"的稿件,便去书店买了一本看。由此带动,而搜集其他,最终而成"习惯"。

这次热销我记忆深刻,更让我沉思至今。之后的集中阅读并未给我一个明晰的答案,相反,让我越发犹疑。读什么长大肯定是重要的,是限定、引导,还是自由选择?我倾向于自由选择,虽然这是非常困难的。

如果存在一个学界的话,梁衡的散文关注度其实并不高。这和他的实际被阅读不成正比。这一切是否皆源自"政治散文"

悠然读书，洒脱为文
——一位"八〇后"主编的工作札记

一语？

从内心来讲，我并不同意季羡林先生对梁衡散文的这一定位。这不仅是对散文的不公，亦是对创作者的不公。应该继续追问：文，可不可以载道？载何之道？

入选语文教材其实是把双刃剑。曹澍先生文章中所提的对《晋祠》的感受再次证明了这一点。"教材的力量"并不完全就是建设的、正面的，经典的面目最后往往会变得可疑又可憎。无谓的争论，经常性地忽略掉了已经变化了的现实和学生个体的丰富情感。与现实文本并进的阅读，应该是另一种隐性的语文教材——它的缺席，使得教材一再而为一种新的凝固的意识形态钳制。

进入新的未来是不易的，回到过去大概也是不可能的。也许荒唐，就只能是自欺欺人。何平先生这期"语文讲堂"所作《民国语文老课本里有什么》读来畅快，掩卷却长叹。我们看似谨慎，却逃避常识、价值和责任，不是东风压倒西风，就是西风压倒东风，非此即彼的习惯性指令，市场理性的操纵，让我们更像一群永远拿不到小学毕业证书的小丑。

谁的自由引导谁

杂志不讲头条肯定是不对的，可讲头条又很让编辑头疼。谁上头条，真像布置会场时摆放座签儿般烦心。"头"真的那么重要吗？不论局外人，就是在编辑自己看来，这多少也有点庸人自扰的意思：这不是自己给自己找麻烦，硬着头皮说意义吗？一个词儿：反讽。

不同刊物的头条大概都有不同的标准，可再怎么不同，对头条内在的追求却是奇异的一致。这个一致，如果用一个字表述，我认为是：刺。正面的鼓动，像红缨枪一挥；反面的批驳，像马蜂的屁股一甩；更有绵里藏针，虚虚实实，指桑骂槐，似庄实邪，藏着掖着，其实图穷匕见。

不想做开放时代的敌人就必须有一个开放的心态。编辑的心也是肉长的。在未刊行之前，与编校同步，这根刺儿一定要反复地扎他许多遍。诚可谓纠结。

本期头条，刘刚、李冬君伉俪谈《中国艺术精神的失落及

悠然读书，洒脱为文
——一位"八〇后"主编的工作札记

其表情》，有几点颇值得注意。其一，谈"中国艺术精神"，以"艺术精神"起笔没有什么不对，但若不对"中国"二字深究，恐怕会造成许多的误会。其二，"失落"与否，这个坐标以"西方文明"为基准，大约也是有问题的。如果说"失落"，"西方文明"已经后现代了，那显然是更为彻底的失落。器，真的不重要吗？政治伦理一"化"，中国艺术果真就真的只是"注脚"了吗？"在佛教里面中国艺术创造了美的最高形式——佛，艺术以出世的方式，表达了对人生理想的追求。""中国传统艺术里，失落了人性和人生。"我想是太过于绝对化了。艺术与政治的关系绝非喊两句口号就能理清楚，时间是动的，"阶级的边境线"上已是荒草漫漫，谁能够仅凭肉眼就看清楚。拿"中国艺术"说事，拿"中国艺术精神"说事，在对象本身的选取上或许就是有偏差的。其三，抛开画作不谈，对"自由引导人民"我一向存疑。自由女神，仅仅是自由的象征而已。

说到"中国艺术精神""还没有从自然里面走出来独树一帜，还没有自己确立自己，表达自由意志"，这期杂志有多篇文章可作为反证。东海先生"酒边说诗话旧雨"，一个"旧雨"，饱含多少中国式的"认识你自己"；东海先生文末所谈，一个世纪以来，我们对于文学内部规律研究的忽视，正是病根。蒋寅先生谈黄景仁《绮怀》诗，诗云："茫茫来日愁如海，寄语羲和快着鞭。"其言为何，想是懂汉字的人都能了解的。诗人柏桦的创作谈，他对于"情境交融"的解读，让我想起学者江弱水在谈卞之琳诗歌时对于"实"的发挥；而他对"逸乐"的发现和重视，我想对于理解所谓"中国艺术精神"其实是有极大助益的。

  精神失落，表情还在。何谓不朽？本期"别册"选多吉顿珠之多派新唐卡，想想，当我们不在了，我们编的杂志也不在了，很多很多物质的存在被更替或消逝，而唐卡却还在。这，大约就是不朽吧。

编辑与规矩的矛盾论

"编辑"这个词儿，很有点"规矩"的意思。无规矩，难成方圆。可有编辑呢，方圆却也不一定能成。

史上最大的编辑，据说是孔夫子，他的"韦编三绝"谁人能敌呢。批他为老二的时候，竟然没有人能想起他还从事过如此副业。这个大辫子不抓，岂非咄咄怪事？如此一来，《论语》就应该有另外的读法。现在大学的编辑学专业，甚至完全可以把《论语》作为职业教程来使用。

把这个最大的名号给孔子，在青山的那一边，孔子未必同意，说不来老先生还会大喊大叫，"非仁矣，鸣鼓而攻之"。

有人向往大，仰望星空三番，最后总结为"代圣人立言"。

"代圣人立言"的编辑，很难不是大编辑，大编，大大的大编。而大编辑的"代圣人立言"，似乎已经就是编辑最大的规矩了。

规矩也是难讲的。比如立定跳远。规矩说，你可以跳到二米五。你呢，其实可以跳二米六，如果你跳了二米六，你肯定被判犯规。这个很简单,复杂的是:你很难准确地只跳到二米五,那你是跳二米四九呢,还是跳一米九九,甚或取乎中,跳一米二五。吴思讲潜规则,不知是不是这个道理。西哲维特根斯坦好像考察过类似的问题,最后他想来想去,说还是"沉默"的为好。继续推进,一个"潜",一个"沉默",又算不算是遵守了"你可以跳'到'二米五"的规矩了呢?乃至最后,跳还是不跳,就成了一个问题。

规矩很抽象,谈久了,脑子很容易出乱子。就好比一个人为了守法,非要把现在颁布的所有法律都背会,到最后,怎么样,他肯定是第一个犯法的人。喜欢记日记的扬之水,做编辑时,她骑着自行车颠儿来颠儿去到徐梵澄先生家,大概一定不会去想这些耗神的东西。

说来说去,其实我们并不知道规矩在哪里。规矩如道而无形。方圆是什么,是天地,更是人心。初心。

两期头条编后

新年第一期,杂志头条发了一篇《散文在二十一世纪》的文章。头条嘛,大家可能总是要看一看的。于是,我也就听到了一些意见。一个意见引发另外的意见,乃至更多的意见,我想总是好的。各种意见的传递碰撞,杂志是一个很重要的孔道。文学性的刊物或也不能例外。过去我这么看,现在也还在坚持。一个孔道,是小些还是大些,是装个过滤网还是安个防火墙,这些我认为都还在其次。最重要的,我想这个孔道必须是通的。孔道孔道,不通的话大约就只能算是个密封孔吧。放进去,包装起来,等着发酵,也就过了太多年。一个孔,必须要通了,且无须摁个指纹什么的,不同的声音才有可能比较自由地出出进进;不然便是死穴。死穴的放大,大概就是死水的一潭。

编辑的中立与独立其实很难,也许根本就不存在。在承载一定的必需的意志之外,编辑也有自己的判断,更有自己的口味。开放与遮蔽,在某种意义上,二者的界限其实是模糊的。当然,还是在某种意义上讲,二者的界限又可谓是泾渭分明的。其间的尺度,无法固定,也只能不固定。是得意忘言还是忘言得意,许多时候往往是凭着感觉。真好比写文章,真好比文学艺术的创作。

毕星星文章所蕴,其实并无太多独得的奥秘。说"散文在二十一世纪",准确些,该是"纪实散文在二十一世纪"。二十一世纪还在忽慢忽快地走着,他便举了些他所认同的写作实践,比如梁鸿,比如冯秋子。他也说到了自己的散文创作,要告别"作协体",坚持反思批判。所以,这篇以"散文在二十一世纪"为题的文章,我更愿意把它当成一位作家即将踏上新长征的宣言书。

对于毕星星文的意见,以我所见所听,集中于毕文对小说这一文体的"反思批判"。他的话很有趣,以至于有那么一些轻薄:"写小说的人多。人多抵什么?"或许他也意识到了突然的偏激,而顿了一段,以这样的句子结束了:"没有一个永远的主流文体。小说,请低下你高贵的头。"

这篇文章刊出已经半年多了,"请"与"不请",我想以这一段时间的情形看,小说的头还依然高贵地挺立着。这真是没有法子的事情。

本期头条,是邢小群的文章:失忆年代,文学何为?与毕星星文章的联系不言而喻。稿子攒了一段时间,其实是想再攒几篇稿子,在一个孔道的范围内,来一次哪怕是小的"众声喧哗"。没有等上,还可以继续再等。因为这篇文章,又提供了另外的观照角度。

邢小群文,专意在小说,她考察或设问的前提是:"散文有为，小说是否同样有为？"文章考察或"点评"了几位小说家的文学实践，最后认为："坦率地说，最近十几年来，传统意义上的纯文学小说写作，远远滞后于现实，已经很少对中国社会做出有力的回应，很少成为震撼人心、启发思索的精神资源。"

两篇文章，一为散文，一为小说，所谈大约是一个共同的话题。这个话题，不同的人会有不同的表述方式。我之认为"共同"，在于其最终指向的文学的价值观问题，很宏远，却又很具体。我的看法是，文学当然需要有所承载，但文学的力量终究是软弱的。缓慢却恒在，是它独有的品质。纪实的力量的确是可见的，但也最容易被利用。有一个特别的问题特别地困惑我，特别的对于纪实的特别的关注，除了为一种文体确立"合法性"之外，是否有特别的蕴含在里边呢？比如，如此的"偏见"，是否与"偏见者"骨子里的激进性的品格有关呢？

就此，杂志也继续期待着意见的到来。

女子何为好

前段时间,在平城观金陵杨春华画展时,初识徐乐乐女史。因都是我喜爱的女画家,更因了前一晚与世奇等人近乎通宵的功课,徜徉画廊之余,就恍惚地总在想些性别之类的话题。

读字与画是一种静的景象,看人却怀有别的丘壑。男性一般总是正常得过了分,勤苦啊奋斗啊,这一类字眼的形容其实与艺术的真谛相隔甚远,但我们在内心里总是乐此不疲。而"作家""画家"名号的前头,若悬个"女"或"女性"的冠词,似乎往往就会有不同一般的生机与故事。日常生活中更是如此。李津画饮食男女,其"势弱"大约也在于此:更让人无穷回味的,正是那多姿多态的女性;男性在他的笔下,呆滞近乎板结的神态,无不是符号化的。

真正的"好"分了性别,这个"好"可能会减损许多许多。父亲好,母亲可能也是好的;身份并不是最重要的,"好"与"不好"才是第一位的。因为"冠词"而响亮的作家、画家,只能一

悠然读书，洒脱为文
——一位"八〇后"主编的工作札记

次次说明我们审美的懒惰。而在"冠词"之外，面对真正的"好"时，我们又总是失语，不知如何说是好——失语，证明我们，不仅总是懒惰的，而且一直是在退化的。

评说萧红，想来想去还是鲁迅那句"越轨的笔致"最好，胜过万言。没读过萧红的书不怕，只这一句，你就会感觉好；有这一句，凭了你的想象，你甚至都不用再去读萧红了。好的评说，就是"一口铄金"。用《呼兰河传》里边的话讲，就是："好厉害的天啊，小刀子一样！"那么读过萧红书的人呢，你一定也会觉得好，甚至还会问自己，我怎么没想到呢？就是想不到，永远想不到。鲁迅的评说完全不是批评家的口气，他可能刚刚写完一篇干仗的杂文，偶然还留下一点锐利的锋芒。当然他还有不同他人的心态。他不是客观的评价，如所谓"健全的精神"，而是真爱的揣摩："越轨"本是僭越伦理的，因了"笔致"的配合，更因了爱的亦暖亦痛的底子，就变作了唯一的好。

同为评说，给辛博尔斯卡的授奖词就要逊色许多，她的诗"透过精确的嘲讽，将生物学法则和历史活动展示在人类现实的判断中。她的作品对世界既全力投入，又保持适当距离，清楚地印证了她的基本理念：看似单纯的问题，其实最富有意义。从这样的观点出发，她的诗意往往展现出一种特色——形式上力求精致洗练，视野上却变化多端，深广开阔。"

这怪不得译家杨德友先生，他有干净、准确且抵达美的能力，这在那薄薄一册"未来千年文学备忘录"中一页页得到印证。怪只能怪这个授奖词高高在上、大而无当却总是摆出一副研究者科学的畸态。更怪不得辛博尔斯卡吧——读其诗《水坑》，我似乎明白了《呼兰河传》为何有大段大段关于泥坑子的描述……

心心相印。美是无法研究的，为了爱，它喜欢沉默。

读德友先生译介文章后，曾与他通话，文章之外他讲了些别的故事，我一再说要把这故事写下来，会心如你，定会了然。辛博尔斯卡诗言：不要与大众为敌／让他们好歹生活下去。突然注意到，较之萧红，辛博尔斯卡是长寿许多的。

快乐快了

有了小孩（名曰希希），似乎才知道快乐是怎么一回事情。过去的懂得快乐，似乎很为荒诞，以致虚假得很。过去的那些，是真的快乐吗？反复地问，就只能反复地问。看到（现在只能是想）孩子初生时静静地睡在摇篮里，她一定还是没有思想的，但那自由的睡姿，清白的面庞，想她是很快乐的，你便也是很快乐的。到后来的翻啊坐啊，爬行，步履蹒跚，乃至今天的跑来跑去，甚至不时地上蹿下跳，我的感觉也只能用快乐来形容；即便哭闹，也是未经沾染的干净，我也是欢喜多过忧愁。隔得远了些，打过电话来，听那声音，心就如同到了一个安静的新的世界。更记得有一次，她和外祖父母远行了半月有余，我在机场迎他们。她汪汪的水眼睛直直地寻着我，待我们的眼神对上的时候，那种奇妙的感觉，就已经远远地超过快乐两个字了。

然快乐之余，我亦有一般的担心。我的快乐，并不能代替她的快乐，或者说，我的快乐，和她的快乐本质上并非同质。对于她或她们的未来，因了自己已涉入世的经验，总不免有些害怕。周氏兄弟对此有过许多见解和主张，数十年过去了，这些恼人的问题，并未解决多少；相反，似乎有更多增添的势头，让天下的父母和孩子一同可怜。这就是时代的发展吧。她们自有她们的选择，但她们的选择中间，何尝没有我们如今的选择和努力在呢？家庭教育其实暗合了许多现实政治的内容，一点一点对自由和尊严的争取，里边的贡献看似极其的微弱，却有足够强大的效力。我想到了顺应这个词语，当然不是也不该顺应不好的一律好学生好孩子的社会风潮，而是顺应孩子的天性。我们的躁动和极度的不安分，其实是在为现如今和未来的社会不断积累一种看不见的恶。我们已经看到了这许多的毒瘤，我们最好希望离开而在天国不要看到他们还在继续忍受这恶的折磨。

这些话，似乎和杂志是无关的。但想起这期杂志文章的一些篇目，这些话就特别地想往外跑。即便判作跑野马，我还是希望明眼人能看出它们的根由。就是说成是这期杂志头条的一篇有点古怪的读后感，我想也是可以的吧。

这期头条文章的来历颇可一记。

去年和北大中文系的陈晓明先生联手，将"中国作家进北大"的大部分讲稿拿到杂志上刊发（事先面示过其时为主任的平原先生），其中有一篇便是从维熙先生的。到了奉送稿酬的时候，想起他《走向混沌》的责编是申霞艳，便求申要从先生的地址等联系方式。今年春天，考学终于结束了，我还顺着这个地址给先生寄了一本自己的诗集，好像没有书信，只是夹了一张名片。不久我便收到了他的第一封电邮。信是极简单的，却提到了他正在写

悠然读书，洒脱为文
——一位"八〇后"主编的工作札记

的这篇文章，并略微提及他和山西的苦幸因缘。这篇文章属于他今年创作的一个系列，带有晚年回忆与反省的性质。彼时，我已读过他在《上海文学》刊发的有关浩然一篇。从编辑的角度，从山西刊物的角度，如此文章能在杂志刊发，我是非常兴奋的。因为专栏在《上海文学》，而事在山西、情在山西，从先生兼顾之下，与我商量两家刊物同时在九期刊发。后来因沪上为杂志计，最后的编发，便是如今的态势：《上海文学》九期十期连载，《名作欣赏》十期一气刊完全文。我其实并不敢太奢求什么，但从先生许是安抚我，许是"晋善晋美"的感动，与《上海文学》的版本之外，他又增补了一些文图。这是让我万分感动的。《名作欣赏》的读者也是应该感谢他的。

二〇一〇年在北大博雅论坛上，我"被逼"发言，曾怯怯地说过这么一段话：

> 我们这一代人研究当代文学的特征。我们论坛发言的主体，是我们这一代人的父辈，甚至是祖父辈，他们可以说是当代文学研究的作战司令部，而真正的主力部队，却是我们这一代人。而由于当代文学的断裂性、碎片性特征（建国、新时期、新世纪乃至一些寻根、身体写作、底层之类），以及文学研究对象的代沟问题，对于文学研究所必要的经验与体验，我们这一代人的生活经验与文学经验严重贫乏。如果说父辈、祖父辈的文学研究者，是直接介入性的话，我们这一代可以说是仰望、眺望与观望的。

读从先生的这篇文章，我便仍怀着如此这般复杂的心情。他的所写，到我的所读，一般的相同的阅读感受之外，我是经常恍惚地出神，无端地在一个陌生的空间里，想象过去土地上的种种人情，以及现时代空气里的漫布尘埃。

　　回忆其实是非常心酸的，我们好似只能说一句"终于过去了"。逝者如斯夫，可要知道，其实裹挟我们的，仍旧是那些或温或冷的水；只有我们的脚，在原地还是逐渐地无力。

　　快乐快了。只希望这希望成为我们未来的希望。

抄书以剥核仁

在我老家的方言中,"核"字读"胡"音。我们那里,儿化音很少,读"核"也就不像许多地方读作"hú er",而是把"胡"音拉长,"胡——"像模拟刮风的声音一样,有点像吓唬小孩子。一次在书橱里乱找书,母亲问,找什么呢,我说找一本作家胡正的书,她连说这个人名字好古怪,我愣了一下,才突然明白她的意思。

因为这期头条提到"文学发展与核心价值观",我的第一反应,就是跑到这个字上头去打转转了;无端地想起母亲无意讲出的这个笑话。

前一阵子读张灏先生的一本书,《梁启超与中国思想的过渡》;为了说明梁启超思想形成的过程,张灏先生用了一章的篇幅谈"康有为在十九世纪末的思想地位"。可能因为翻译的原因,这种书不太好懂,当然也就不太好读,但这一章有一段我觉得引来很有意思。据《南海康先生传》,张灏认为:"梁启超还指出为什么'仁'成为康有为道德人生观的核心",并进而评述道:"在明显倾向于将生命的存在看作是精神和宇宙的新儒家思想时,'仁'不只被设想为道德理想,而且也被设想为一种能赋予生命和统一的宇宙的力。通过'仁'的作用,整个世界得以形成,所有各类有知觉的生物从中得以诞生。……仁经常被比作果仁,果仁在中国语言里,字面上被称作'仁'。如同一棵植物没有这种维持生命所必需的'仁'会枯萎死亡,整个宇宙和人类社会也会因为没有这种赋予生命的'仁'的力的作用而奔溃。"

读到这里我有种特别异样的感觉。来到天津,在饭店点菜,才知这边的饭店将花生豆是叫作果仁的。"仁""果仁""花生豆",好不后现代乎。查《南海康先生传》,原来梁启超是这么讲的,"先生之论理,以'仁'字为唯一之宗旨,以为世界之所以立,众生之所以生,家国之所以存,礼义之所以起,无一不本于仁。苟无爱力,则乾坤应时而灭矣。是故果之核谓之仁,无仁则根干不能苗,枝叶不能萌;手足麻木者谓之不仁。"典型的梁氏文风,说了些什么,好像又没说出什么;说"仁",感觉倒还不如林鹏先生的"猜想"有劲儿,"仁者二人也,二人者,夫妇也。夫妇者,两姓也、两族也,亲戚也。有了夫妇才有父子,才有兄弟……最后才有君臣。周天子见诸侯,同姓一律称叔,异姓一律称舅。这就是中国古代的天下观。"

这么比附也许是不恰当的,可见把仁与核要说清楚,是很不容易的。但还是要说,好比我们说不清楚"气"为何物、"气"在哪里,却并不妨碍我们的"有气"。如何说,《名作欣赏》读书会第四回张石山先生的精彩发言足资殷鉴,索性抄来作为结尾:

145

悠然读书，洒脱为文
——一位"八〇后"主编的工作札记

"若干做学问的专家，占据了诸多研究领域，冠以专家头衔，号称学术权威。但就我个人有限的阅读浏览，许多权威令人怀疑。一种是颠顶。蠹书虫……一种是庸俗。也写书，车轱辘话，翻来覆去……一种是势利。写书只为拿稿酬、评职称，以著作数量取胜，堆砌罗列，制造垃圾。急了眼的，东拼西凑，乃至抄袭。人格堕落，良知泯灭。一种是执愚。……他的唯一的破麻袋，成了应对任何话题的百宝囊。一种是畏怯。……树叶子不要打破头，是作文第一要义。……一种是自宫。……一种是投诚。……一种是谄媚。……用尽智慧和能力，为皇帝的新衣锦上添花，天花乱坠。……一种是帮腔。托臀捧屁，吮疽舐痔。……一种是帮凶。"

抄书以剥核仁，无奈无奈，见谅见谅。

风月有界，内心无边

天凉了，烧一小炉，温壶老酒，摆两方青花杯子，歪在一个能歪的地方，谈谈风花雪月，真是好。一个人，难了，只能喝闷酒，伤身伤神。人多了也不好，多了累，打量揣摩够了，却该散了。两个人，最好，哪怕不说话，不谈，静默的空气里也有了人世，云烟，无边的景致，虚的幻梦，想的空透，倒却是含了温度可摸一下碰一下的、实实在在的海市蜃楼。

不谈可惜。最好是谈。哪怕一句，一个手势，轻轻一声，一下不像呼吸的呼吸……

不用天凉也好，但总不如天凉好。风花雪月，哪一样不是凉丝丝的。风从雁门来，花落上党边，雪洒笔墨，月似几何？凡间种种，万物歌哭，都落在这四个轻飘飘的字里头了，见了色彩，有了重量。

伊居长治，伊在大同，是听名字就想去的好地方。根扎在哪里，重要了。长成什么样儿，全看你耍本事了。祥夫和水平

悠然读书，洒脱为文
——一位"八〇后"主编的工作札记

的小说好，好就好在你能寻着他们那块土地上的味儿。这个味儿，又不同了，祥夫温一些，水平烈一些，或者说，祥夫温中出烈，水平烈中含温，不太贴切，大抵也是可以的吧。温与烈，火候不易掌握，不同的水土，不同的人儿，有不一样的烧法。他们两个，隔着一座雁门关，由春及冬，风花雪月，十个场子下来，独特的味道出来了，明显了。

这个味道，不同于他们的小说和散文，像在谈心，有点絮叨，有点太文艺，有点犹抱琵琶半遮面，太虚，有点"在别处""回不去"，却很能撩动我们的心丝。因了真人秀，有时不免恍惚；更有昨日风物，教人念畴昔欢畅，暗伤如许。

我不太在意他们所谈的知识，比如鸟兽草虫、戏画香衣。网络一开，天下大白。有一样却是索不出的，这便是性情。是性情决定知识的存否，而非知识遥控情怀的有无。往日青青青几许？再超级的计算机也是算不出的吧。

风花雪月有界，内心的生活无边。由这么些个段段落落，亦可追见他们的过去与现在，逐步地拼接，也许真就是他们精神与灵魂的图谱。这似乎是别样的创作谈了。可如果真有如此的价值，我想我们也是高兴的。

另起并记：

念去去，时光如是。一年的杂志又要收尾了。祥夫和水平的风花雪月也在这期谢幕了。这一"来"，就是一年的光阴，倒还过得真快。想启幕之时，祥夫要我写序的玩笑话，虽后来他的屡次催逼，我仍是犹疑。序与不序，这篇手记算是对祥夫的一个交代，同时，也是对这个栏目的略带感伤的送辞。

如此谈话的形式，得了一些人的注意。明年，我们筹划了作家张石山与鲁顺民就民间文化的对谈，一定也是精彩的。特一并在此预告。

跋

　　二〇〇九年一月至二〇一二年十二月，这四年时光与《名作欣赏》一起。二〇〇九年四期始，二〇一三年一期止，主编刊物总计四十六期。

　　四十三篇手记，均写于杂志编订之后。长短不论，冷暖自知。字里行间，多为漫思。不乏倔强，亦常犹疑。随性种种，唯求真诚。如今结集，不过敝帚自珍。

　　逝者如斯。抚读追忆，竟也伤怀了；悠然寂寞如新，略语谨为之跋。